『风土海沧』民俗调查丛书

丝萝三都卷

主编

黄达绥　吴光辉

知识产权出版社
全国百佳图书出版单位

图书在版编目（CIP）数据

"风土海沧"民俗调查丛书. 丝蕴三都卷 / 黄达绥，吴光辉主编. — 北京：知识产权出版社，
2018.12

ISBN 978-7-5130-3980-2

Ⅰ.①风… Ⅱ.①黄… ②吴… Ⅲ.①乡村—风俗习惯—调查研究—厦门

Ⅳ.① K892.457.5

中国版本图书馆 CIP 数据核字 (2018) 第 252478 号

内容提要

厦门市海沧区"风土海沧"民俗调查组在 2014—2016 年，走访了海沧村下辖的柯井、后垵、
洪厝、龙庙、莲花洲等村社，采访了多位知情人士，收集并整理出了海沧村的历史沿革、古迹宗祠、
民俗风情、华侨文化等宝贵的调查成果。本书主要由田野调查、口述材料等第一手调查资料汇
编而成，内容丰富、图文并茂、资料翔实。

责任编辑：刘晓庆　　　　　　　**责任印制：刘译文**

"风土海沧"民俗调查丛书

丝蕴三都卷

SIYUN SANDU JUAN

黄达绥　吴光辉　主编

出版发行：知识产权出版社 有限责任公司		网　　址：http://www.ipph.cn	
电　　话：010-82004826		http://www.laichushu.com	
社　　址：北京市海淀区气象路 50 号院		邮　　编：100081	
责编电话：010-82000860 转 8073		责编邮箱：liuxiaoqing@cnipr.com	
发行电话：010-82000860 转 8101		发行传真：010-82000893	
印　　刷：三河市国英印务有限公司		经　　销：各大网上书店、新华书店及相关专业书店	
开　　本：787mm×1000mm　1/32		印　　张：5.25	
版　　次：2018 年 12 月第 1 版		印　　次：2018 年 12 月第 1 次印刷	
字　　数：105 千字		定　　价：48.00 元	
ISBN 978-7-5130-3980-2			

序　言

　　闽南，锦绣中华的灿烂奇葩，扬名世界的创业热土！闽南，海上丝绸之路的起点，海外华夏游子的故乡！闽南，博采古越文化、中原文化、外来文化，形成了一体多元的文化融合；闽南，凝聚山岳部落、海岸文明、海洋文化，构建了自由开放的文化模式。晴天碧海、红砖古厝，组成了闽南的主流格调；南曲雅韵、绿芽春茗，谱写了闽南的无数传奇。

　　如果说闽南是中华文化的奇葩、扬名世界的热土，那么我们如今所要讲述的海沧，就是这一朵奇葩、一片热土的缩影。正如"海沧"这一名称所谕示的，它是一个资源丰富的天然港湾，它是一个物产繁多的无尽宝藏。同时，它也是我们毕生难以割舍的留恋之根，一世无法忘怀的风土之乡。

　　作为陆地门户，海沧自古以来就具有极为突出的重要地位。据《三都建义仓奏记》梁兆阳邑令之记载："澄地为漳门户，治之北有隔衣带地，周环四十里许，年所征赋予澄籍居十之三，名三都者。""三都"之名，始于南宋时期的保甲制度，该地设置海沧一都、二都、三都。到了明代，一都、二都、三都合并为一二三都，简称"三都"。作为三都之地的海沧，一直以来就流传着"九头九尾十八坑"之传说。所谓"头"，是指曲折海岸线中凸出的部分，"九头"是指石塘村的水头、排头、地头、渐美村的马地头、贞庵村的澳头、后井村的石甲头、许蓝头、地岸头、海沧村的大路头。所谓"尾"，是指沿海凸出一部的末端，"九尾"是指渐美、坂尾（锦里）、钟林尾（钟山）、后山尾、草仔尾、陈都尾（温厝村属）、路头尾（海沧村属）、下尾（吴冠村属）、山尾（吴冠村属）。所谓"坑"，是指低洼的地方，"十八坑"则分别指青礁村的龙湫坑（东宫故地），古楼村的后陵坑，困瑶村的西宁坑，锦里村的马坑、肖坑，温厝村的寮坑、宁坑、苏坑、蔡坑、徐坑，海沧农场的洪坑，后井村的内坑，渐美村的芦坑，石塘村的马内坑、花坑、斜坑、东坑。正是在这样的自然风土上，海沧构建起了独特的人文气息。

作为海上枢纽，海沧的战略地位一直备受世人关注。革命先驱孙中山在其《建国方略》对厦门港的规划中留下了这样一段记载："（厦门）此亦一老条约港也，在于思明岛。厦门有深广且良好之港面，管有相当之腹地，跨福建、江西两省南部，富有煤铁矿产。此港经营对马来群岛及南亚细亚半岛之频繁贸易，所有南洋诸岛、安南、缅甸、暹罗、马来各邦之华侨大抵来自厦门附近，故厦门与南洋之间载客之业极盛。如使铁路已经发展，穿入腹地煤铁矿区，则厦门必开发而为现在更大之海港。吾意须于此港面之西方建新式商埠，以为江西、福建南部丰富矿区之一出口。此港应施以新式设备，使能联陆海两面之运输以为一气。"其中的"此港面之西方建新式商埠""施以新式设备，使能联陆海两面之运输以为一气"，也就是在厦门港的西侧，即海沧建设一个新式港口，形成海陆联运的东方大港。

　　作为文化荟萃之地，海沧这一片热土始终充满着丰富多样的人文气息。海沧的文化之根在于陆地，源于中原。但是，海沧的文化并没有停留在陆地或者中原的文化传承，而是不断地向大海延伸、向海外扩展。如果说闽南是大海的故乡，那么海沧则也是一大批海外人士的故乡。钟山蔡氏、石塘谢氏、锦里林氏、祥露庄氏、贞庵江氏……不仅在海沧繁衍生息，同时也在数百年期间先后迁移到了中国台湾地区、东南亚等一带。为了不忘祖先福荫之恩、水源木本之义，海沧先民修建祠堂、重整家庙，构建起了闽南地区极为独特的宗教信仰与文化传承。在这片土地上，保生大帝的民间信仰、闽台送王船的风俗礼仪、海沧蜈蚣阁进香等活动，既充满了无比浓郁的地方传统氛围，同时也带有不断创新的现代人文特征，形成了具有自身独特风格的人文风土。

　　作为文明窗口，海沧的社会进程展现了中国乡村文明的深化与发展，并始终保持着与时俱进的步伐。三都之名凸显了海沧的历史渊源，行政变迁提示了海沧自乡村向城市不断发展的区域演变，经济腾飞再现了海沧改革开放、积极进取的时代精神，传统回归彰显了海沧人不忘根本、探索文化融合的质朴性格。如果说《建国方略》展示的是海沧在海西建设中的未来性，那么如今的海沧随着新开发区的建设，已经成为厦门联络中国台湾、中国香港特别行政区、日本、韩国、东南亚、印度乃至美国等国家和地区，构建福建乃至中国全球化发展的重要基地。所谓"文明窗口"，也就是海沧经历了从传统乡村到现代都市的蜕变，成为中国社会文明进步的一道缩影；所谓"与时俱进"，或许并不只是海沧一地所独有的根本性格，但可以说它正是海沧得以蓬勃发展、不断进步的思想源泉与核心动力之所在。

　　或许我们可以说，海沧的本质在门户枢纽、文化、文明之中彰显海沧魅力，而事实上，随着社会的发展，尤其是城市化的不断扩张，海沧正在历经变迁，甚至体验痛苦的蜕变，以实现新时代的自我定位的转型。但我们相信，海沧的变迁并不是遮蔽或者隔断源于传统地区定位，而是将它进一步加以深化，或者说展开了一个全方位的科学定位。

时代的步伐不可阻挡，时代的变迁令人回想。如今，在海沧这一片历经千年传承、东风西雨一遍遍洗礼的土地之上，拥有数不尽的文化传统、历史遗迹、人文风格的乡村开始逐渐退出历史舞台。这究竟是一个时代的进步，还是一个文化的遗失；究竟是一个现代文明的拓展，还是一个本土文化的断裂？或许我们要尝试去做的就是将它们记录下来，使它以一个新的形式流传下去。

风土海沧系列研究，就是对海沧乡村的城市化而展开的人文调查。这一研究的缘起，来自海沧文化馆黄达绥馆长的执着追求，同时也是立足于过去的海沧非物质文化遗产的编撰基础。这样一个收集整理资料的过程，无疑是漫长而痛苦的一段经历，但是同时也是面临城市新规划必须解决的迫在眉睫的问题。不仅如此，作为编写委员会的一员，我也禁不住不断地质问自己，海沧是什么？如何来表述海沧？如何来评价表述海沧的行为？

首先，海沧是什么？或许对于大多数的外来者而言，它不过是一个流动人生的驿站，一个短暂休憩的港湾。但是，对于一直生活在这一片土地上的人而言，它是一条没有发生任何转移的根；对于始终眷念着这一片土地的宁静与和谐的人而言，它是一片可以寄托希望、实现梦想的热土。海沧不再是与我们相对立的存在，而是我不得不加以依托且将我们包容在一起的故乡。而且，也正是海沧文化风土的极为丰富的多样性，使我们找到寄存于我们心底的故乡。海沧是一片海，展现出了它的包容性；海沧是一首诗，述说着它的曲折历史，海沧就是这样的一片热土。

　　如何来表述海沧？它给予我们的感动，不仅在于它的风土地貌、建筑景致、民俗祭祀，同时也在于它深切的、终极的人文关怀。海沧的风土地貌并不稀奇，但是却充满了崎岖坎坷；海沧的建筑景致也不独特，但是却带有了斑驳沧桑；海沧的人文祭祀也不新奇，但是却依托在了山海之间。就在这样的不起眼处、不经意间，海沧的人文风土得以凸显。茅草屋上吹拂的茅草，小桥流水间逝去的落叶，远山烟雾笼罩下的杉树林，常常让我面对海沧的这一片宁静而和谐的大海发出无限感叹。这样的感动，并不是将会给我带来什么惊诧的表情或者什么紧张的情绪，而是一种潜移默化的、不断深入心底的流动。或许也就在这样的不起眼处、不经意间，我们已融入了它的人文风土之中。

　　优秀传统文化是中华民族的精神纽带，是中华民族的精神之根、智慧之根，是中华民族生生不息、团结奋进的不竭精神动力，任何国家和民族在世界的崛起，不仅需要经济、军事等国家硬实力的强大支撑，也需要内向凝聚力、外向感召力和文化软实力相辅相成，从而不断增强建设民族共有的精神家园，努力提高全社会文化自觉和文化自信。如何来评价我们的表述海沧的行为？看起来我们所尝试的，不过是将历史的资料、现实的感受、口述的文本堆砌在一起，但我们是用这种最为直观的呈现，来传承优秀的传统文化，把握未来前行的方向，这也正是本系列图书始终坚持不变的叙述方式的根源之所在。

　　夕阳西下，古榕参天，海沧风土系列考察就是以钟山村为起点而逐步深入的。我还依稀记得第一次踏入钟山村的情形：在一片夕阳的光晕之中，榕树留下了无数的斑驳身影，长街两畔的古宅越发凸显出了历史的沧桑，黄达绥馆长、林致平顾问、刘丽萍女士与厦门大学人类学的博士们一道朝着夕阳下的道路前行。就在这一刻，我感受到了一种生命的永恒。这是一种夕阳、古树、小道、旧宅联系到一起，流淌出和谐静谧的氛围的一种生命的永恒，会伴随着我们的工作而不断地延伸下去，并激励着我们一路走下去的一种生命的永恒。

吴光辉 谨记

厦门大学囊萤楼

2015 年 10 月 28 日

目 录

第一章　历史沿革

第一节　社区概况

　　海沧村地处九龙江出海口沿岸，位于海沧区南部，东与后井村毗邻，西接港中路，北与囷瑶村接壤，南面为大海。村域面积1.6664平方千米，由9个自然村和8个村民小组组成。2018年常住人口3500人，流动人口1680人。

　　宋元时期，有小溪名曰"沧江"，自北而南流经当地，汇入号称"圭海"（海面有岛名圭屿，今称"鸡屿"）的九龙江口。海沧村地处海滨聚落，面海而居，整个地貌以海和江为主，先以"海"为名，称"海口"（据崇祯《海澄县志》："海沧镇，宋时称海口镇"，古时的海口镇位置大致在沧江的入海处），后以江为名，称为"沧江"。明嘉靖四十五年（1566年）归海澄县，以"海口"和"沧江"各取一字为名，故称"海沧"。海沧名称的由来，也存在第二个说法：莲花洲、大埭、衙门前一带自古以来就是海上船只的避风停泊处，每逢台风时，大小船只密密麻麻地停满河道，整个地方看起来犹如船只的仓库一样，故称为"海沧"。

　　海沧村旧称"十社"，曾有方厝（曾为魏氏居住地，现消失），店仔头（旧时是乞丐营，附近乞丐集中居住于此，现只留下一两户人家），过山、四落（旧有四落大厝）、莲花洲、洪厝、柯井、后垵、龙庙、杨厝（1958 年，厦门铝品厂，后为厦门钨品厂，选址海沧村杨厝，杨厝拆迁建厂）共 10 个小社。此外，还有一条繁华的海沧街，由新街、横街、大街 3 条主要街道组成。

　　海沧村前邻大海，此处是一处避风良港，一条水位较深的沧江可供船只经此出海到厦门岛、海澄石码，故而聚集了周边一带的船只，特别是渔船停靠避风。海沧村码头随着水位的变化而建，大致位于今大路头一带，是古代福建四大商港之一——月港的港尾部分。商业和运输业一度十分发达，不少人员和物资由此进出，而后输入福建内地。一直到中华人民共和国成立前，码头货物运输仍旧十分繁忙，每天商贩进进出出。传说，过去码头分割运输业务，林姓总揽码头东面运输业务；颜姓负责西面运输业务，二者井水不犯河水。

　　明嘉靖九年（1530 年），福建巡海道移镇漳州，在海沧设置安边馆。安边馆是福建推行巡海道制的产物，构成明朝海洋防线的一环，为巡海道的派出机构。安边馆受巡海副使的管理，而负责其日常运行的则是州府佐贰官，由福建各府的通判轮流上任，半年一轮。据崇祯《海澄县志》记载，安边馆的裁撤时间在海澄设县的隆庆元年（1567 年）。❶

　　安边馆的职能不仅包括缉拿海盗、打击海上走私贸易，还涉及司法诉讼、乡约民俗、道路民生等地方公共事务，维持海沧当地的社会秩序。由此来看，安边馆实际上兼具军事与行政职能，反映出海沧在月港乃至整个海澄县的重要地位。据当地老人说，当时聚集

---

❶　蔡丹妮《明代漳州安边馆探析》。

在海沧周边的船只很多，洋舶进出都要经过海沧再转至曾家澳（即今厦门市曾厝垵）。众多船舶云集于海沧进行补给，自然带动了海沧的兴盛繁荣。随着葡萄牙人、西班牙人的进驻，港内贸易主要集中在海沧进行。因此，相对于南岸月港主要从事造船和装货来说，北岸的海沧等港口主要功能集中在补给和港内贸易上。❶

清末时期，政府腐败无能、割地赔款；苛捐杂税众多，民不聊生；自然灾害侵袭严重；加上百姓不识计划生育，人口数量逐渐增多。海沧村土地资源有限，因此不少百姓出洋谋生，远赴新加坡、马来西亚、印度尼西亚、越南、菲律宾等地经商。

海沧人下南洋的方式很多，但基于地缘、血缘关系，来自同一祖地的移民往往聚居在同一个地方。因此也形成了南洋海沧人大杂居、小聚居的群落特点。如海沧人在南洋的聚居地——马来群岛的槟城，有人称为"小三都"。槟城是南洋早期较为繁荣的城市，也是华人主要的聚居地。其中，福建会馆不仅建立的年代早，势力也异常雄厚。尤其令人称奇的是，这些福建会馆的负责人竟然全是海澄三都籍的。这和当年海沧人利用月港和厦门港的有利位置，率先登陆马来西亚，在最早的淘金热潮中率先入驻了槟城有关。于是，前脚人带后脚人，一步步把家乡亲友圈在了槟城。槟城的华人区，每一个来自不同村落的三都人划区而居，适当地保留了各自完整的家乡格局。同时，他们又间接合作，互相提拔、互相照顾，共同在异乡成就三都人共同的事业。而成立福建会馆正是三都人在完成了异乡扎实的根基之后首要的举措之一：一方面，可以联络更多的华人一起捍卫华人的权利；另一方面，也可以发展壮大自己的实力。这既是一个福利组织，又是一个经济联盟。自始至终，福建会馆都被

---

❶　厦门大学"海沧（沧江古镇）历史文化挖掘与提升专题研究"课题组《海沧文化资源挖掘》。

垄断在三都人的手中，特别是五个实力强劲的家族——新坡邱公司、霞阳杨公司、石塘谢公司、锦里林公司（鳌冠林氏）和颖川陈公司。这五大巨头前四者都是来自海沧村落，而颖川陈氏则是一个跨地域的同姓联盟，主体是来自海澄县治下的各个陈姓乡民。不过论实力，当然还数前三者。他们还创立了三魁堂联盟，三魁来自三个姓氏在海沧原籍村落交界的三魁岭。所以，有专家认为"槟城的原始中国移民，以三都地区迁来的占绝大多数。槟城人说的是三都腔的厦（门）语，习俗、风尚、迷信、媚神、厚葬、丰衾、赘婿、养子，都从三都搬过来，且有青出于蓝之慨" ❶。

抗日战争时期，日军占领厦门岛，海沧成为战争前线。日军飞机经常轰炸海沧。有一年中秋节的夜晚，日军突然派出飞机攻袭轰炸大路头一带，毁坏房屋建筑，死伤不少人，留下了满目疮痍。中华人民共和国成立初期，海沧村一带还留下了三青团、水上纵队、华安班等一批国民党的残留组织，不少村民被划入这样的组织之中而不自知。1949 年夏，国民党孤注一掷，派刘汝明与解放军对抗，到处抓壮丁到石甲头修筑工事、建炮楼。海沧村谢金治等 10 多个村民被抓走，多人被打死打伤。活下来的人被国民党关在炮楼里，后被解放军解救出来，得以回家。解放鼓浪屿的渡海战斗打响后，由于北方战士不识水性，因此动员了颜文仁等村民担任解放军的船工。在战斗中，这些船工不畏流血牺牲，奋力划桨，帮助解放军取得了胜利。同行的船工不少人死难，颜文仁九死一生回到了村庄。

海沧村现有张氏、陈氏、颜氏、马氏和林氏等一批大姓，还保留了一部分小姓氏。颜氏来自青礁；林氏来自囷瑶、锦里；张氏来自龙海；其他人口大多由南安、惠安、安溪等地迁徙而来。

---

❶ 厦门大学"海沧（沧江古镇）历史文化挖掘与提升专题研究"课题组《海沧文化资源挖掘》。

第二节　行政变迁

　　海沧村的行政变迁可谓经历了两个大的时期。首先，海沧村的历史源自唐宋时期，这一时期海沧村的所在地属龙溪县永宁乡新恩里。到了明代初期，海沧属龙溪县新恩里；明嘉靖年间，属海澄县第四里第三都。明清时期，柯井社、后坂社属海澄县第四里第三都永昌保，杨厝属集兴下半保。到了 1940 年，属海澄县第四区海沧镇；1946 年属海澄县海沧乡。

镇公所旧址

镇办工厂旧址

　　其次，中华人民共和国成立之后，海沧村经历了多次的行政变迁。1950年，政府废除保甲制，海沧村属海澄县第四区。1952年，属海澄县海沧区海沧乡，称"群雄高级社"（社长是青礁村人）。1958年，撤区并乡，属海澄县海沧乡。1958年8月，属厦门市郊区海沧公社海沧大队，第一任大队长为颜天裕，后任书记为张文秀。1984年，海沧公社改为乡，大队改为村民委员会（简称"村委会"），属海沧村委会管辖。1986年，撤海沧乡为海沧镇，属海沧镇管辖。1987年7月，厦门市郊区更名为集美区，海沧村属集美区管辖。2003年8月，成立海沧区，属海沧区海沧镇管辖。2006年1月，撤海沧镇，属海沧街道办事处管辖。2014年1月，海沧村委会改为居委会，成立海沧社区居委会。海沧村的行政情况见表1-1。

表 1-1　1960—2014 年海沧村历届村"两委"成员 ❶

时间	村支部			村委会		
	书记	副书记	支委	主任	副主任	村委
1960—1965 年	张文秀	江清辉	—	马清山	张和岸	郭美伴
1966—1976 年	颜双喜	董振发	颜友谦 张清根 杨建发	马清山	陈番茨	—
1977—1980 年	杨建发	董振发	颜友谦 许瑞发 刘亚桃 马清山	马清山	陈番茨 颜宏赐	刘亚桃 颜玉祥 颜广建
1980—1983 年	董振发	许瑞发	颜宏赐 陈番茨 刘亚桃	陈番茨	马清山	刘亚桃 颜玉祥
1984—1987 年	董振发	许瑞发	颜玉祥 林伯川 颜宏赐	颜玉祥	陈义青 颜宏赐	谢素琴 潘文辉
1988—1991 年	许瑞发	陈义青	谢素琴 杨建明	陈义青	杨建明	潘文辉
1991—1993 年	许瑞发	—	谢素琴 杨建明	陈义青	潘文辉	
1994—1996 年	许瑞发	颜红象	杨建明 潘文辉	陈义青	杨建明	颜其仁 潘文辉 张友进
1997—2000 年	颜红象	陈义青	谢素琴 杨建明 颜其仁	陈义青	张友进	张勤强 廖奇峰 张民赐

❶ 村"两委"是村中国共产党员支部委员会和村民自治委员会的简称，习惯上前者简称"村支部"，后者简称"村委会"。

续表

时间	村支部			村委会		
	书记	副书记	支委	主任	副主任	村委
2001—2003 年	陈义青	谢素琴	颜建新 谢素琴 潘文辉 杨建明	林宗仁	张民赐	张勤强 廖奇峰
2003—2006 年	陈义青	张凤娇 谢素琴	张勤强 谢素琴 潘文辉 张民赐	张勤强	颜志艺	张凤娇 颜建新
2007—2009 年	张勤强	张凤娇	张凤娇 颜志艺	黄进民	—	—
2010—2012 年	张凤娇	—	颜志艺 陈义源 张双伟	江国民	张志坚	林锦聪
2013—2014 年	张凤娇	江国民	颜志艺 林锦聪 陈义源 张双伟	江国民	张志坚	林海燕

第三节　经济发展

自古以来,海沧村地少人多,村民农忙时务农,农闲时以讨小海、做小生意为生。清代末期,不少村民为了养家糊口,背井离乡到东南亚谋生,出现了柯井社张夜合和张允贡、莲花洲陈炳猷等一批海外白手起家、积累了巨大财富的乡贤。

中华人民共和国成立以后，响应党中央"以粮为纲"的口号，海沧村大力发展农业生产。为了解决耕地少的问题，1961 年、1970 年，海沧村组织村民围海造田，家家户户出动劳力参加围海，以记工分获得劳动报酬。通过这次海埔围垦，海沧村增加了 600 多亩田地，每亩地产粮 750 千克，基本解决了社员的温饱问题。

党的十一届三中全会后，为了进一步解决村里土地少、闲散劳力多、村民收入普遍较低的现实问题，村里成立了 18 个村办企业，将闲散劳力分配到村办企业里工作，解决了 200 多个劳力的就业问题，也极大地增加了村民收入，村民的生活水平显著提高。村办企业相关情况见表 1–2。

表 1–2　海沧村 18 个村办企业基本信息

村办企业	负责人
建筑队：拥有 70 多名队员，规模较大	颜玉祥
水产养殖	张水西
砖瓦厂	杨建明
酱油厂	张宗明
木作厂	马青厚
锯材厂	林亚皮
碾米厂	张建华
榨油厂：榨油机器自莆田购入	陈天福
铁件加工厂	林亚皮兼任
面线厂	谢亚敏
沙灰厂：制造一种叫"沙灰"的建筑材料	颜广建
滩涂养殖队：鱼苗自河北引进	张联东
大理石厂	杨建明
拖拉机厂：拥有 6 部拖拉机，帮助临近大队犁地	张河岸

村办企业	负责人
矿石运输队：主要以板车为工具，给坞品厂拉矿石	张正太
蘑菇厂	周亚腰
蛎灰厂（将海蛎壳制作成蛎灰）	颜长丕
豆腐厂	林亚芝

　　在这一过程中，海沧村的干部敢于从实际出发，顶着社会压力，采取"三包"政策，即"包工""包成本""包产量"。村民多劳多得，少劳少得，打破了"大锅饭"的旧有体制，海沧村民的生产积极性大大提高。就这样，海沧村一跃成为海沧一带比较富裕的村庄。以

豆腐厂原址

当时村里的工分为例，其他村庄一个工分才几分钱，海沧村一个工分则到了 1 角钱。

1984 年，农村改革，分田到户。一部分村办企业被私人承包，一部分则难以为继，逐渐解散。改革开放之后，村民心思开始活络起来，不少人外出下海经商，从事水产、蔬菜、石材等特色经营活动。2006 年，海边土地被政府征收，建设成了临海码头，海沧村土地剩下不到 500 亩。更多的村民离开村庄外出打工、经商，村民们的日子日益红火。如今，村里三分之一的家庭都拥有了私家车，车辆累计接近百部。

提到海沧村的经济发展，不得不提到该村的特色产业——花岗岩石材。海沧大路头、东头山地下蕴藏着丰富的花岗岩，人们自明清时期就开始在这里采石建造堤岸。传说，著名的抗英将领、闽浙总督颜伯焘曾在这里采石建造厦门的白石炮台。鸦片战争期间，颜伯焘受命在厦门岛建造了一座长达 1600 多米、高 3 米多、厚近 3 米的可安放 100 门大炮的石壁炮台。炮台所用的材料全部是花岗岩，如此巨量的花岗岩来自哪里？这在历史上一直成谜，因为厦门岛上并未发现当年建造炮台采石的遗迹，但在颜伯焘书信里却发现了当年用海沧石材建炮台的史料。据考证，颜伯焘在厦门督建炮台时寄回广东的家书中说"故里石料颇丰，正可解用材之虑"。专家认为，颜伯焘是青礁村颜氏的后裔，十分了解海沧当地的地理情况，所以知道海沧盛产石材，可供建造炮台之用。而且石材出产地靠近九龙江出海口，可以直接通过海路运往厦门海岸建造炮台，比陆路运输更经济、更方便。

尤其是 20 世纪 50 年代以来，这里成了花岗岩 G623 的重要荒料基地。花岗岩 G623 也称"海沧白"，呈灰白底带有黑色细纹，吸水性 0.24%，密度 2.65 克/立方厘米，主要用于建筑及饰面、雕刻、地铺等。1953 年起，部队负责开采，规模较小。1980 年之后，民间开始大规模开采。至 2005 年，花岗岩 G623 年产量约 4 万立方米，90% 以上出口至日本、欧洲东部等地区。据了解，海沧原有大大小小近 10 个矿区，分布在海沧村、困瑶村、锦里村、后井村周围。后来，主要的矿区剩下 7 个，即北市矿区、烈士墓矿区、化肥厂仓库矿区、海沧旧中学后矿区、衙里矿区、东头外埭矿区和路头尾矿区。现在，这些矿区基本上已经停止开采石材，遗留下来的坑群隐藏在海沧街道办附近，位于海沧港区旁边。其中，一个位于海沧新街和海沧中心小学之间，一个位于海沧新街与港区之间。位于海沧中心小学后面的坑群面积最大，足足是后者的两倍。最深的坑是北市矿区，深度 95 米（已回填至 70 米）；路头尾和海沧旧中学后矿区，将近 90 米；

采石坑

化肥厂仓库和烈士墓矿区，深度都是 50 米；衙里和东头外垛矿区，坑深 35 米和 30 米（两个坑已经回填了一部分）。

第四节　教育事业

提到海沧村的教育事业，最为人所熟知的教育机构就是海沧中心小学（沧江小学）。这所小学的前身是位于海沧大路头的沧江书院。根据考证，沧江书院始建于明代，社学当时已具相当规模，成为"三都之教养区"。此地原有文昌祠，供奉孔子等几尊古代教育家的塑像。至清代乾隆丙申年(1776 年)书院废止(《漳州府志》)，重修于清朝同治甲子年（1864 年），主要建筑包括魁星楼（原属文昌祠的"奎楼"）、讲堂三座，红墙翘脊、庄严古朴，占地二亩余。魁星楼也称"八卦楼"，原供奉魁星神像，后改课室，为海沧地区古老的文物之一。

书院讲堂由三座二列红墙翘脊、庄严古朴的房屋构成。三百余年间曾毁而重修，一直是海沧施行教化、培育人才，举行春秋二祭盛典、祭奠孔子的场所。沧江书院每年春（二月初三）、秋（八月初九）两季举行大祭。春秋两季大祭包括赞礼、读祝、纠仪、执帛爵、鼓乐等众多环节，场面壮观，凸显了海沧一带儒学教育极为兴盛，普通百姓讲究礼仪之道的传统风气。

1917 年，清朝举人陈炳煌和新垵村邱春江两人倡议，集资将沧江书院改办为新型的学校——沧江小学。该校沿革大体可分为五个时期：区立侨助时期（1917—1938 年）、战时民校时期（1938—1939 年）、中华人民共和国成立前海澄县办时期（1939—1949 年）、中华人民共和国成立后海澄县办时期（1950—1958 年）、厦门市管

魁星楼

辖时期（1958 年 8 月至今）。尤其是在最后一个时期，该小学经历了厦门市郊区海沧中心小学、厦门市集美区海沧中心小学、厦门市海沧区海沧中心小学的名称变迁，成为弘扬传统文化和革命精神的重要基地。

莲塘学堂遗迹

　　海沧村的教育事业在历史上还留下了私立办学、教会教育的足迹。私立学校莲塘学堂为清朝末年陈炳猷于莲塘别墅创办。陈炳猷视育才兴教为己任，聘请教师，办学兴教，常年往返于越南和海沧莲塘，毕其一生，至老不息。该机构不仅为陈氏子弟开放，本地乡里优秀子弟也可享有同等待遇免费上学。沧江小学、三都中学、海澄县第二中学和海沧中学，曾先后借用莲塘别墅办学，并得到莲塘陈氏的大力支持。教会学校海沧溯源小学成立于1890年，最初以海沧基督教信徒子女为对象，实行免费上学；而后发展成非信徒子女也可申请入学，1952年并入沧江小学。

　　1949年年初，海沧人林马地、邱谨卿、陈其安、李增厚等一批热心教育事业的人士创办了"海沧私立三都中学"，为海沧区域

海沧中学旧址

创办最早的中学。校舍设在莲塘别墅，首任校长是曹增之，学校教师大多是国民党财经学校的教官。创办伊始，该校设置了初一年级至高一年级四个年级，拥有学生百余人。中华人民共和国成立后，该校被海澄中学接管，成为其分校，称海澄县第二中学，由私立学校变成公办学校，吸收了来自角美、龙海、新垵、霞阳等地的学生。1958 年，海沧由海澄划归厦门市管辖；1959 年，政府在东头山创办"厦门市海沧中学"，为公办完全中学，海澄县第二中学被取而代之。1959 年秋，海沧中学开始招收高中学生，1962 年首届高中生毕业，一直延续至今。

厦门市海沧中心小学（沧江小学）简史 ❶

海沧中心小学设在海沧镇大路头村文昌祠内。前临圭水，后依文山，山光水色、交相辉映、奎楼傲立、风景秀丽。1938年以前，原名沧江小学，其前身为沧江书院，历史悠久、源远流长。据有关人士考证，沧江书院始建于明代社学，并已具相当规模。"其中奎文楼讲堂治事官廨"成为"三都之教养区"记载：至清乾隆丙申年（1776年）已废，而重修于清朝同治甲子年（1864年）。1917年，清朝举人陈炳煌和新垵村邱春江两人倡议，集资将沧江书院改办为新型的学校——沧江小学。该校沿革大体可分为以下五个时期。

区立侨助时期（1917—1938年）

这一时期，学校校名"海澄县第四区区立沧江小学"。

1917年开始办学，沧江小学先设立四个班级，学生不满100人。从第二年起逐渐向六年制完全小学的体制发展，历年教员多在12~20人，学生数多在300~400人。校舍除原有讲堂和八卦楼之外，尚有可容纳500人活动的礼堂、大操场、篮球场、排球场、跳远坑、游戏场（内设秋千架、滑梯、跷跷板、单双杠等）和小花园、金鱼池等体育娱乐设施，校内环境优美。

沧江小学在创办初期曾得到海外爱国华侨的大力资助，成为公办侨助学校之一，在闽南颇负盛名。当时，海外华侨以新垵邱氏宗亲诒谷堂、霞阳杨氏宗亲植德堂、石塘谢氏宗亲世德堂为主，团结居住地热心公益的乡亲在马来西亚槟榔屿组织三都联络局，继而在海沧邀集当地各大姓较有名望的乡绅，成立三都联络分局与

《海沧中心小学校史》

总局沟通，作为承办和资助家乡公益事业的机构。分局局址设在沧江小学。校长邱思亮为海沧三都联络分局董事会成员之一，担任秘书工作。三都联络局以沧江小学为重点资助单位，不仅在海沧和厦门购置房产，收取租金作为学校经费，还添置了大批课桌椅和教具。学校还免费供给全校200多名童子军（中年级和高年级学生）的制服和训练用具，并高薪聘请一批优秀教师来校任教，保证教学质量。学校的课外活动比较活跃，办学成绩深得海外华侨的赞赏。

1930—1938 年，沧江小学成为中国共产党地下活动的据点之一。中共地下党员杨欣荣、杨章熹❶、柯联魁❷、许铁如（彭冲）❸、郑燧、张韫琪等人，曾先后来校担任校长和任教。他们以学校为据点，以教学为掩护，在海沧地区传播革命种子，引导青年学生走上革命道路。

杨章熹于 1930 年来校任教，1932 年当校长，并担任党的外围组织"反帝大同盟"海沧地区负责人，组织、领导全区几十名盟员学习《时代报》等进步书刊和宣传品，传播革命思想，开展抗日和反帝宣传活动。

1934 年春天，杨章熹再度担任校长，与教导主任柯联魁继续在校内外开展革命工作，组织进步教员黄金燧、许守谦等人秘密学习地下党刊物《前哨报》和《实话报》，并发动全校教员学习世界语，寄予人类有共同语言的伟大理想，一时学校内学习成风。柯联魁在海沧知识青年中广交朋友，努力传播革命文艺知识和理论，培养文艺人才，为海沧开展革命文艺活动开拓道路。他们对学生则采用寓教于乐的方式，利用小学周会文娱活动，表演节目，宣传革命道理。

在校务工作上，杨章熹和柯联魁大胆革除旧制学校的管理方式，

---

❶　杨章熹：中共党员，海沧霞阳村人。中华人民共和国成立后曾任中华人民共和国侨务委员会委员、全国侨联会委员、华侨大学华侨史研究室顾问。1981 年 11 月 18 日逝世于泉州华侨大学，享年 73 岁。

❷　柯联魁：漳州市人，1930 年在上海劳动大学就读。曾任海沧、漳州等多所小学教师和漳州芗潮剧社负责人，从事党的地下工作，也是闽南早期革命文艺戏剧运动先驱者之一。1933 年入党，1938 年 6 月 5 日深夜被国民党反动派杀害于漳州芝山之麓。

❸　许铁如（彭冲）：漳州市人，中华人民共和国成立后曾任中共中央政治局委员、中央书记处书记、全国人大常委会副委员长兼秘书长。

实行民主管理，帮助学生组建学生会。每次召开校务会议都邀请学生会主席林章贯、学生代表江启渊两人列席，听取学生会对校务工作的意见，并辅导学生出版刊物，活跃学校学习风气，培养学生民主思想。

正当校内外"反帝大同盟"成员如饥似渴地学习进步书刊和革命文件，革命活动相当活跃的时候，负责传递文件的交通员林建黑，由于工作上的疏忽，在分发《毛泽东同志在全国苏维埃第二次代表大会上的报告》时被反动派抓捕。林建黑虽然被反动派追查拷问，受尽了苦头，但他严守纪律，始终没有暴露自己与杨章熹和柯联魁的关系。然而，沧江小学还是被反动派注意到了。学期一结束，学校进行了改组。杨章熹和柯联魁在沧江小学播下了新思想、新作风和反帝、反封建的革命种子以后，于1934年夏离开了海沧。

1937年春，许铁如、郑燧来校任教。郑燧担任教导主任，许铁如担任教师。当时正是国家和民族处于生死存亡的关键时刻，中国共产党高举抗日民族统一战线的大旗，号召和领导全国人民投入抗日斗争；而国民党反动派却处心积虑地攻击、诽谤中国共产党。许铁如和郑燧二人到校以后，鼓励学生多读课外书以拓宽知识面，并将一本铅印本的《二万五千里长征记》秘密借给学生阅读，使学生了解二万五千里长征的真相，从而对中国共产党有初步的认识。与此同时，二人又广泛联系当地青年教师和进步青年进行团结教育工作。这些人大多是柯联魁在校时结识的朋友，对戏剧艺术颇有兴趣。经过许、郑的组织发动，并在芎潮剧社支持下，于1937年春成立了以许、郑为核心的海啸剧社，成员20多人。社址设在学校，坚持勤俭办社，业余排练。剧社经费由社员自己解决，逐渐形成独立自主、团结进步青年的群众文艺团体。

1937年4月，海啸剧社应厦门南天剧社负责人叶苔痕的邀请，在厦门鹭江戏院参加漳、泉、沧、厦四个剧社的联合公演。这是闽南进步文艺团体的一次大会师，也是闽南戏剧史上的新创举。在这次联合公演中，海啸剧社以许铁如、郑燧导演，许铁如、王淑真扮演男女主角的独幕话剧《我土》参加演出，获得了成功，鼓舞了剧社的士气。1937 年 6 月，以庆祝海啸剧社正式成立为名，漳州芗潮剧社 10 多人组成联谊演出队，在海沧街尾与海啸剧社联合公演两天，演出《小英雄》《雪中行商》《放下你的鞭子》等节目，扩大抗日宣传。两个剧社的精彩演出轰动了海沧，两天的观众达 2000 多人，有效地鼓舞了群众的抗日情绪。

"七七事变"后，海沧成立抗敌后援会，会址设在学校。海啸剧社担负起了抗敌宣传教育工作的重任，积极开展了多种多样的抗日宣传活动。

许铁如和郑燧带队爬山越岭到新垵、霞阳各村巡回演出，陈郑煊以抗战新闻材料编绘大型连环壁画张贴在街头。剧社又利用闽南方言自编、自弹、自唱抗战弹词，在学生周会上演唱，并配合漳州芗潮剧社皮影戏演出队，以东北抗日故事为题材的皮影戏《抗日英雄小白龙》在海沧街头演出。郑燧、陈郑煊带领学生深入后井、钟山、石塘等村演讲，并且把学生分为小组携带抗战图片，挨家挨户进行宣传。有的老师则指导学生上街演活报剧❶。在一年多的时间里，他们在海沧掀起了抗日宣传热潮，人民群众中的抗敌情绪日益高涨。在"有力出力、有钱出钱，全面抗战"的号召下，海沧又掀起了捐款热潮。本校学生拿着募捐竹筒一上街，许多人就围上来争着捐款。有些卖菜收入微薄的小贩也不甘落后，把当天所赚的钱全部塞进竹筒里。

---

❶ 活报剧是以应时性、时事性为特征的戏剧类型。这类剧目能及时反映时事以达到宣传目的，就像"活的报纸"。

1937 年秋天，许铁如离校回漳州担任地下党组织领导工作以后，海啸剧社由郑燧、周永权、陈郑煊三人组成导演小组，继续活跃在海沧地区，积极开展革命文艺戏剧活动。他们在抗日宣传活动中，以学校为据点，团结了大批青年人，扩大了文艺、戏剧工作的影响，对推动海沧抗战事业做出了重大的贡献。

抗日战争爆发后，许多热血青年纷纷北上抗日。1937 年 10 月，已回漳州担任中共漳州工委组织部长的许铁如率先投笔从戎，与夫人骆平同志一起北上抗日。本校学生林章贯、江启渊、颜绍坤、李天禄、林武恭 5 人，先后投奔抗日前线，参加了新四军。这些学生参军后，在抗日战争、解放战争、社会主义革命和建设中，有的做出了卓越的贡献，有的英勇牺牲、为国捐躯。其中有以下杰出代表。

颜绍坤（现名颜中元，海沧院前村人），中华人民共和国成立后历任中国人民解放军中将军官、南京汽车制造厂党委书记。

李天禄（现名李流星，海沧大路头人），中华人民共和国成立后历任海军东海舰队军械供应处处长、厦门市物资局党委书记。

江启渊（又名江河流，海沧贞庵村人），1937 年由柯联魁介绍参加新四军，1938 年由骆平介绍入党。曾任新四军二支队三团政治处民运股长、营教导员，作战很勇敢。于 1941 年国民党顽固派阴谋策划的"皖南事变"中，被日伪军杀害，成为革命烈士。《解放军报》曾于 1983 年 5 月 8 日以《忠魂永存，江河长流》为题予以悼念。

第十二届毕业生林恩典（海沧街人）于 1949 年参加厦门地下党工作，在执行任务时被捕，随后在厦门警备司令部被国民党特务绞刑杀害，壮烈牺牲。后被追认为革命烈士。

革命师生的光辉业绩，在沧江小学校史上永放光芒。

这一时期的沧江小学历任校长：陈祖舜、陈祖禄、陈其训、邱厓兢、杨欣荣、杨章熹、林其尧、邱思亮。

战时民校时期（1938—1939 年）

这一时期，学校校名"海澄县海沧战时民校"。1938 年 5 月厦门沦陷后，海沧屡次遭受日军炮击轰炸，沧江小学一度被迫停办。1938 年 9 月，江耀东带一名教师来海沧，利用本校残余校舍改办成战时民校。其主要特点是适应战争环境，实行战时教育。一要解决小学生就读问题，二要开展平民教育。由于学校处于日军虎头山大炮射程之内，经摸清日军每日炮击海沧的规律，学校实行战时体制，利用早晚时间坚持上课。每天清晨五点半至七点半，下午四点半至六点半上课，晚上则为成人学员上课时间。小学生以上文化课为主，高年级学生接受军事训练，唱《大刀进行曲》《松花江上》等抗战歌曲。每天清晨上课前跑步上街"晨呼"，提醒群众振作起来，不要忘记抗日，不当汉奸，不做亡国奴。师生还深入群众中宣传抵制日货，并制作纸花、花篮、刻竹板等进行义卖，所得全部收入均用于支援抗日前线。成人班则围绕抗日题材讲时事、学认字，激发群众的抗日斗志，既把战时民校办成抗日宣传活动阵地，也解决了战乱时期学生的就读问题，有些六年级学生还顺利地考上了中学。

这一时期的学校校长是江耀东。

中华人民共和国成立前海澄县办时期（1939—1949 年）

这一时期，学校校名"海澄县海沧中心国民学校"。1939 年下半年战时民校结束，学校迁至柯井村和莲花洲，借用民房和祠堂，恢复正常上课，并继续进行抗日宣传教育。1943—1945 年，学校师生曾配合海啸剧社成员和社会上戏剧爱好者举行两次话剧公演。1945 年 6 月，发动师生捐献肉粽 600 多个，渡海慰问当时困居荒岛（大屿）的厦门难民。

1949 年海澄县解放以后，全县小学有了质的变化，主要特点：明确了党对教育事业的指导；面向工农兵，树立为人民服务的观点；实行学区管理制。

这一时期的学校历任校长：郭耀宗、苏沛霖、陈崇贤、邱玉昆、曾中河、江珠香、江臣伍、郑启明。

中华人民共和国成立后海澄县办时期（1950—1958 年）

这一时期，学校校名"海澄县海沧中心小学"。1950 年 2 月，海沧区开始实行学区管理制，全区各小学组成一个学区，以海沧中心小学为中心学校。校长还担任海沧区文教代表、宣传组副组长（区委书记兼任组长），负责全学区宣教业务工作的检查、指导与管理，以求统一步调、加强协作、共同发展，形成了学校管理网络。据 1952 年资料显示：全区有 14 所小学，其中公立完全小学 1 所，初级小学 10 所，私立完全小学 1 所，民办初级小学 2 所；共有 44 个班级、44 名教师、在校学生 851 人。学校已初具规模。

在此期间，本校除了认真抓好教学工作以外，继续发扬沧江小学的优良传统，积极参加社会上的政治宣传活动。1950 年，学校带动全学区 15 名教师自愿报名参加支前工作，在首次夏季征粮工作中，运用高跷、秧歌各种文艺形式，巡回各村宣传"夏征意义"，组织码头工人带头交粮游行，并利用黑板报及时报道各村交粮户先进事迹，鼓舞群众踊跃缴交爱国公粮，取得了显著成绩，被评为全县夏征宣传工作模范。学校还协助海沧工人建立工会组织，发动群众参加对私斗争活动。在减租减息、土地改革运动中，学校师生组织剧团，巡回各村演出话剧《一碗饭》、歌剧《刘胡兰》等剧目，激发人民的革命斗志。与此同时，学校还办了 10 多个扫盲班，为提高工农干部文化水平做出了贡献。这一系列的教学工作和社会活动，获得了县、区领导的好评，海沧中心小学被认定是全县最活跃、最出色的中心学校之一。

1953 年由海沧乡、工联会协助学校发动群众义务建校，在原校址建教室和办公厅（共 9 间），1954 年学校迁回原校址上课。1955 年，华侨林启文捐助巨资修建魁星楼和 3 间教室。

这一时期的学校历任校长：林长顺、陈谨唐、林必禄。

厦门市管辖时期（1958 年至今）

这一时期，学校校名"厦门市郊区海沧中心小学""厦门市集美区海沧中心小学""厦门市海沧区海沧中心小学"。

1958 年下半年，海沧地区划归厦门市管辖以后，学校规模和教学质量有了新的发展和提高。1963 年，海沧乡划分为两个学区。本学区有海沧、锦里、青礁、囷瑶、后井、贞庵、温厝、海农 8 所小学。其中，本校与锦里小学是完全小学。为了加强党对学校的领导，学校配备了党员校长，建立了党支部，在贯彻党的教育方针、提高教学质量、普及农村小学教育等方面，做了许多工作并取得了显著成绩。

"文化大革命"期间，"四人帮"推行极"左"的教育路线，下令取消学区，把小学划归生产大队管理，使学区工作遭受严重摧残，教育质量大大下降。

粉碎"四人帮"以后，特别是贯彻党的十一届三中全会精神以后，经过拨乱反正，1979 年学校恢复了学区建制，成立了党支部，加强了对各小学的领导工作，使教育工作有了恢复与发展，教育质量有了明显的提高。据 1979—1983 年资料显示：本校 10 个班级，在校学生数平均每年 400 人，高小毕业生 204 人，平均每年 58.8 人。其中，1983 年毕业 50 人，毕业率 100%。

海沧中心小学

1987—1992 年，采用政府（区、镇、村）拨款、企业（厦门坞品厂）资助、个人（华侨、归侨、个体户、学生家长）自愿捐献相结合的方式，多方集资，加快建设步伐，重建礼堂（280 平方米），新建教学楼（8 间教室、540 平方米）和图书室（50 平方米）。其中，华侨温宗墉、颜秀琴夫妇，张永顺、林振森、温宗英、周玉才、陈锡璘先生和归侨遗媚廖淑女女士等纷纷解囊资助，为学校的发展做出了很大的贡献。

为培育学生全面发展，1990 年起，学校在魁星楼专设革命传统教育室，以 20 世纪 30 年代学校革命师生开展地下活动以至北上抗日的光辉业绩为主题，以油画图片形式，对学生进行革命传统教育。除此之外，学校还先后增设自然科学实验室、图书阅览室以丰富学生的学习生活，进一步提高教学质量，在基础教育工作上取得了很大成效。此外，学校规模也有较大发展，1994 年上学期有教学班 19 个，教师 41 人，在校学生 840 人。

1994 年 2 月 20 日，原中共中央政治局委员、中央书记处书记、全国人大常委会副委员长彭冲同志莅临学校视察，挥笔题写了"尊师重教"的赠言和"海沧中心小学"的校名，鼓励学校继续努力，办好基础教育事业。

2001 年 8 月，学校更名为海沧小学；2006 年 8 月，因海沧镇改街及海沧教育资源整合，再次恢复为海沧中心小学。如今，学校正成为弘扬传统文化和革命精神的重要基地。

2018 年，学校现有 12 个教学班，学生 474 人，教职工 30 人。学校坚持"传承百年优秀人文，播撒三都教化新风"的办学理念，以革命先贤的"端、勤、毅、博"精神为校训，秉承书院精神，重视弘扬中华传统文化，将经典诵读、书法教学、乒乓球运动、红色教育等作为办学特色引入课堂，辐射家庭、学校、社区，合力促进学生全面而有特长地发展。

几年来，学校先后荣获"全国国防教育特色学校""福建省义务教育管理标准化学校""全国青少年足球特色学校""市五一先锋岗""市全民阅读示范点""市文明交通示范学校""市红十字模范学校""区实施素质教育先进学校""区文明学校""区德育先进学校""区 5A 级平安校园""区创先争优先进基层党组织"等称号。

在这里，学生快乐成长，教师幸福工作，快乐共处，和谐共生。如今，学校建设亮点纷呈，实现了班班有多媒体、校园有塑胶运动场、教师人手一台电脑的目标，各种教学配备均达一流标准。师资队伍精干，结构合理，业务过硬，富有活力。学校管理民主高效，教育教学质量稳步提高。教师在国家级刊物发表作品 8 篇，在省级以上刊物发表作品 14 篇，教育教学论文、教学案例及在各种教学比赛中获奖省级 8 人次，市级 13 人次，区级 32 人次。学生作品在区级以上各种比赛中获奖 186 人次。2006 年，学校获得区级"平安校园""五好达标关工委"荣誉称号；2007 年获得区级"文明学校""先进教工之家"荣誉称号。

这一时期，学校历任校长：戴登坤、林淑基、曾于、林文通、郭冷燃、林松概、叶文典、陈贞国、陈摇造、张明安、江甲申、颜汉忠。

莲塘别墅办学始末

落成于 1906 年的莲塘别墅（又称"莲花洲"）是集教育、祭祀和居住三大功能为一体的建筑群。建造者在大厝筹建之初便充分考

百年前的莲塘学子

虑到了子孙后代受教育的需要，特地建造了一座口字形的莲塘别墅作为学堂，在莲塘别墅的布局装饰中营造出浓厚的治学氛围。例如，学堂前石柱刻着对联"立教兴材凡在吾徒有责，致知格物谁云大学不传"，大门两侧题有对联"莲不染尘君子比德，塘以鉴景学士知方"，墙上刻有朱子家训"黎明即起洒扫庭除，要内外整洁"，两边窗户状似书卷。在当地古建筑群中，最美的建筑当属莲塘别墅，它的石雕、砖雕和戏台令人叹为观止。

莲塘别墅的办学可追溯至清末（约 1907 年）别墅建造者陈炳猷创办的莲塘学堂。学堂以传授传统的孔孟儒家学说和四书五经为主，不仅接收本家族子弟就学，本地乡里子弟也可享有同等待遇免费上学。从学堂仅存的一张师生合照中可以大致推测清末莲塘学堂的办学规模。照片上有清朝旗帜，前排中间为陈炳猷，旁边坐着几位乡绅，照片上学生人数约 38 人（陈氏子弟 6 人，其余均为本地乡里子弟）。除了陈炳猷鼎力支持办学之外，还有几位乡绅也热心参与。据说，莲塘学堂办学时间达十几年。

1938 年厦门沦陷，海沧遭受日军炮击轰炸，沧江小学一度被迫停办。1939 年下半年，沧江小学（前身是沧江书院）搬到莲花洲原莲塘学堂旧址上课，后再迁至柯井社张允贡宅。

1949 年 3 月，在国民政府海沧区区长林马地的倡议下，邱谨卿、陈其安、李增厚等一批热心教育事业的人士在莲塘别墅创办了"海沧私立三都中学"。这是海沧区域内最早创办的中学，陈其彬之子陈有为无偿提供学堂、祖祠作为临时校舍，家庙周围空地作为球场。首任校长是曹增之，学校教师大多是国民党财经学校的教官。创办伊始，该校设置了初一年级至高一年级四个年段，学生 121 人、教职员工 10 人。

1950 年 1 月，龙海专属接管私立三都中学，更名为海澄中学分校。学校由私立学校变成公办学校，吸收了来自角美、龙海、新垵、霞阳等地的学生。1953 年 8 月，更名为海澄初级中学。1955 年 8 月，更名为海澄县第二中学，设 7 个班，学生 309 人、教职员工 27 人。1958 年，海沧由海澄划归厦门市管辖。1959 年，政府在东头山创办"厦门市海沧中学"，为公办完全中学，海澄县第二中学被取而代之。1959 年秋，海沧中学开始招收高中学生，1962 年首届高中生毕业，一直延续至今。

新式教育从莲塘学堂起航

莲塘学堂可谓在近现代海沧教育中起航。莲塘别墅建成于 1906 年，是一座方形四合建筑，在硬件上既有辉煌大气之风，又展现出精致细腻的一面。在清朝末年，这样优越的场地用来推行教育是首屈一指的。莲塘学堂的开创在时间节点上是一个特殊的时期，1905 年 9 月 2 日，袁世凯、张之洞奏请立停科举，以便推广学堂，咸趋实学。清廷诏准自 1906 年开始，所有乡会试一律停止，各省岁科考试也随即停止，并令学务大臣迅速颁发各种教科书，责成各督抚实力统筹，严饬府厅州县立即乡城各处遍设蒙小学堂。在这种背景之下，足迹遍及中外、放眼看大世界的陈炳猷非常注重新知识与传统文化并重的教育模式。他在莲塘学堂的石柱上还留下办学理想的格言，注重格物致知，希望学童用新的眼光考察事物，获取知识。因此，陈炳猷聘请的教师既有新学一派的，也有传统儒家人物。教学内容以新学和现代科学知识为主，同时并没有抛去传统的儒学，而是把儒学作为学生修养的一门学科保留下来。为了立教兴学，莲塘学堂对前来求学的本地乡里子弟与陈家子弟一视同仁，免费授学。据说，当年莲塘学堂的学子多达 100 多人，人才济济，可见陈公之苦心及其长远眼光。现在，莲塘别墅中仍保留了一幅百年前的老照片，这张老照片拍摄于莲塘学堂创办之初。从画面中可以看出，当时虽然还是清朝，学堂前仍然还挂着清朝的大龙旗，但学童的着装已抛弃了长袍马褂，穿上具有现代意味的统一着装，只有教师尊长才穿着长袍马褂。

从老照片上还可见镌刻在门额上的"莲花学堂"四个大字。老照片虽然经历了岁月的侵蚀，但这几个字却依然显得遒劲有力，仿若当年办学兴教的决心不可动摇。学堂前的柱子上刻着一幅楹联："立教兴材凡在吾徒有责，致知格物谁云大学不传。"陈炳猷视育才兴教为己任，致力于培养新式人才，为此常年往返于海外与莲塘，毕其一生，至老不息。

现在，当人们走进这所百年前的老学堂，依然能感受到它特有的韵味和氛围，学堂左边墙面上饰有"松鹤延年""牡丹朝阳"等陶饰壁画，精美典雅；右边墙上，镌刻着朱子治家格言："黎明即起洒扫庭除，要内外整洁……"字字珠玑；两边的窗户形似书卷，窗棂为石雕竹竿，竹叶婆娑，窗户上方，左窗镌"鱼跃"二字，右窗镌"奋飞"二字，正是"海阔凭鱼跃，天高任鸟飞"之寓。

抬头看，水车堵上绘有亭台楼阁、山水画卷、民间故事、各色人物等丰富内容，贴金木雕的每一笔都十分精致，描金人物的衣饰发丝清晰可见……一走进学堂大门，便见到厅堂墙裙一幅砖雕，雕着百兽、百花图，画技高超、刻工刀法流畅。走几步，又见天井墙裙的砖雕，大多为松竹蕉梅和兰菊芍药。这些砖雕是厦门乃至闽南地区存留的不可多得的砖雕艺术精品，是莲塘别墅一大绝景。

据陈炳猷的后人陈全志先生讲述，抗战期间，海沧沧江小学被日寇飞机轰炸，莲塘别墅及陈氏家庙便免费提供给学生们作为教室及宿舍。1949 年，三都归侨及地方人士在莲塘别墅创三都中学。

1950 年，由人民政府接管，改为海澄中学分校。至 1956 年新校舍建成后，学生才搬至新校舍上课。其间，莲塘别墅及陈氏家庙都免费提供办学场地。海沧中学创办之初，曾借用莲塘别墅办学，在办学上一向得到陈氏宗亲的大力支持。

莲塘学堂的百年藏书

2016 年，莲塘社迎来了 120 周年庆典。莲塘陈氏后人陈全志先生，向海沧区文化馆出示了一套珍贵的百年藏书——《辞源》，它是当年莲塘学堂的藏书，这部《辞源》蓝色布质的书皮，上面钤有朱红的藏书章 "海澄莲塘陈氏珍藏书画之印"。《辞源》是一部综合性、实用性极强的百科式大型工具书，也是我国第一部大规模的语文辞书。它始编于 1908 年，于 1915 年出版。这部《辞源》是民国初年的版本，售价不菲。当时，购买一部《辞源》需要 40 银圆。

莲塘学堂藏书——《辞源》

这些钱 1915 年可以买一间普通的平房。由此可见，当时莲塘学堂为了教育的需要投入了很多。这部《辞源》扉页上还有郑孝胥的题署。

郑孝胥（1860—1938 年），福建省闽侯人。中国近代的政治人物、书法家、学问家。郑孝胥于清光绪八年（1882 年）中福建省乡试解元。1885 年开始任李鸿章幕僚，由内阁中书改官同知。

【同】〔徒紅切束韻〕❶共也。如言同居同行之類。❷齊也。❸和也。〔書〕同律度量衡。❹聚也。〔詩〕❺合會也。諸侯相會親之同。〔論語〕宗廟之事如會同。❻律管名律以竹曰律管名律以銅曰同。〔周禮〕典同掌六律六同之和。❼酒器爵名。〔書〕上宗奉同瑂。〔金石索〕為周五同珇珇。❽成十為終。終十為同。❾姓周官同方。〔元史儒學傳〕典元之後元有同恕見。

【同人】❶易卦名離下乾上。❷謂同事者曰同人。

【同文】文字相同也。〔中庸〕書同文。

【同仇】謂其仇敵也。〔詩〕與子同仇。

【同方】謂意志相同也。〔禮〕儒有合志同方者。道同術〔陸機文〕同方者以類附等契者以氣集。❷同在一方也。〔張九齡詩〕同方久厭俗。

【同化】❶心理學語謂觀念之化為新觀念也。❷動物消化食物而成體質。植物攝取無機物。

【同母】❶謂兄弟姊妹同出於一母者。〔史記〕同者異母之分數用通分法則可化之為同母。

【同甲】猶同庚也。詳同庚條。

【同舟】〔孫子〕吳人與越人相惡也。當其同舟濟而遇風其相救也如左右手。後人因謂共利害者為同舟共濟。

【同正】今縣名明置後改永康民國復改為同正。

【同年】❶齊等也。〔賈誼文〕不可同年而語矣。〔國史補〕進士為時所尚。同舉貢者謂之同年。後世舉人及優拔貢歲選舉者亦稱同年。參看同歲條。❸浙中呼舟子為同年。〔劉鳳誥詩〕醉辦同年酒。或謂其子多為嚴州府之桐廬人同年貴桐嚴之訛。

【同行】❶俗謂同執一職業以謀生者曰同行。

【同光】五代後唐莊宗年號。

【同州】府名漢右馮翊地後魏置華州西魏改為同州清升為府屬陝西民國廢今大荔縣其舊治也。

【同穆】清穆宗年號同治德宗年號光緒簡稱同光。民國前九八九。

莲塘学堂藏书——《辞源》内页

光绪十七年（1891 年），郑孝胥东渡日本，任清政府驻日使馆书记官。次年，升日筑领事，调神户、大阪总领事。光绪二十年（1894年）甲午战争爆发后回国，又任张之洞自强军监司。郑孝胥仕途前期可谓青云得志。1898 年起，郑孝胥历任总理各国事务衙门章京，

郑孝胥的题署

京汉铁路南段总办兼汉口铁路学堂校长，广西边防大臣，安徽、广东按察使等职。

郑孝胥是清朝的改革派政治家，也是建立"伪满洲国"的参与者之一。1932年任伪满洲国"总理大臣"兼"文教总长"。后来，郑孝胥又因为反对日本方面的压制，而于1935年5月21日失势。

郑孝胥虽是一代才子，但后来名节不保。20世纪30年代之后，《辞源》多次再版，再也见不到郑孝胥的题署了，莲塘学堂的这部《辞源》倒是留下了一份特殊的历史记忆。

第二章　文物古迹

第一节　乡贤宗祠

由于海沧村毗邻海港，故而在一开始就成了人员流动、族群汇聚之地。如今海沧村留下了张氏、陈氏、颜氏、马氏、林氏等一批大姓。洪厝颜氏由青礁颜氏三房、七房迁徙而来，也参加青礁村颜氏家庙祭祀活动；林氏由困瑶、锦里迁徙而来；张氏由龙海迁徙而来。不仅如此，海沧村还保留了一批小的姓氏，大多由南安、惠安、安溪等地迁徙而来。

柯井张氏

柯井原为柯姓人居住地，宋代张姓始祖宝庵公自龙海崎巷张埭迁来。宝庵之父吉昭生了三子，宝庵居柯井，宝勤、宝寿居龙海石码巷口。据说，龙海崎巷山地贫瘠，居民普遍外迁，宝庵故而迁至柯井。但是柯井地处沿海，经常遭受倭寇骚扰。宝庵一族

柯井张氏家庙

经常流离失所，而后终于定居下来，人丁逐渐兴旺，取代了原住民柯氏，成为柯井大姓。张氏大房和二房主要从事海上生产。张氏三房从事农业生产。中华人民共和国成立前，柯井张氏还组织到龙海崎巷扫墓。

柯井张氏家庙又名诒德堂，坐西北朝东南。位于柯井社 88 号，面积 215.4 平方米，内有 1 座乾隆癸巳年诒德堂碑记，1 座光绪十六年（1890 年）重修诒德堂捐题条约碑记，1 座癸酉年重修碑记。它由前后殿和左护厝组成。前后殿均抬梁式构架，悬山顶。前殿为假叠顶双燕尾脊，面阔 3 间、进深 1 间，门前有门廊。后殿为单条燕尾脊，面阔 3 间、进深 2 间。前后殿间为天井，天井左右两侧有廊道。它的石木雕较为精美，如大门两侧有透雕螭龙纹石圆窗。木雕主要有狮、花卉等。根据现存碑记考证，此堂历经清代乾隆、光绪及现代多次重修。每年农历十一月十五祭祖，由老家长宣读祭文，各家各户前来祭拜。

家庙地处柯井居民区，北600米为漳嵩铁路东西穿过，西南600米为海沧街道所在地，南800米为九龙江口，西北2.5千米为厦门岐山。

【楹联选录】

清河衍派家声远，儒林传芳世泽长。

衍绪清河葛庇瓜绵增繁茂，秀钟超麓蛟腾凤起蔚峥嵘。

宗德无疆裕后人，祖恩浩荡绵世泽。

施展近代骥足途程，追溯远祖巍峨功德。

大启宏图以光门第，克兴骏业有贤子孙。

【诒德堂碑记】

礼曰君子将营宫室宗庙为先，重□本也。

始祖郡庠生宝庵公于皇宋年间自张埭卜居柯井，本支渐繁。迨明末遭海氛而荡析离居，至本朝康熙初年始得昇平，复归旧里，比庐草创朱邅祠宇之制焉。乙丑岁，十一世孙元培公念享祀于私室不足以称追崇展孝思，因倡捐先筑一进，丁酉岁自出己资续盖前进，雍正甲辰岁遭火焚毁，乙巳冬复连后进，时有儒崇永祉各忝一篑之力。自是岁时，合族以祭皆于是行礼焉，第堪舆家以形体宜向前局，而十一世孙元兴慨然不惜重资，暨族众劳随力赞助，于乾隆癸巳秋构材兴筑，十三世孙世渐董其事，以是年腊月落成。噫，是祠兴复不赖我，祖之灵有元培倡率于前，元兴续成于后，而族众咸踊跃从事，可见吾族尊族敬宗，重□本代有人也。凡我后嗣当体此意，□庙貌

诒德堂碑记

常新，先灵永奠矣。是为序。

房孙□庠生志董顿首拜撰文

董事十三世孙世渐勉首

十四世孙念桂

十五世孙□全

大清乾隆癸巳年仲冬毂旦勒石

【重修诒德堂捐题条约碑记】

　　□谓敬宗尊祖溯本追源所宜尔也，我族诒德堂祖祠修理于乾隆年间，迄今百余年，屡望奋兴，未能如意，议修数年。适裔孙允贡自安南回，愿附主三对充龙银肆佰捌拾元，并首捐两百元以为倡。而社众咸乐输马，遂择吉兴工，经始柞乙丑九月落成，于腊月尚有伸项，再筑东一护。祖祠焕然雅观，社里由斯振作。越年元月安宅计合油漆入主，共费柒佰拾肆元，尚余拾陆元合作辇轿一顶。理合勒石志之。因将再定条约并捐题芳名列于下。

裔孙生员绍莘

　　一议社中厝屋及厝地作园者皆系承祖先遗置，所有根底一概归公。惟本族人得转相典卖，其余外姓不准私相授受，倘敢违禁□公究惩不贷。至不得已报知绅耆□公设法，敢犯禁者究治。

　　一议读书为社中元气之本。有能入泮者，欲附主每对□贰拾肆元五贡荫自己免项，举人荫及其父，进士荫及其祖，能捐衔现任者知县知府依举人进士例，果能品级加高者，照例议加升奖以示鼓励，捐虚衔者另议。

捐题芳名

允贡捐龙银贰百元

市老捐龙银叁拾元

仁权捐龙银贰拾元

光绪拾陆年岁次庚寅八月

□日董事十七世孙

生员绍莘

琼瑶 仝立

【重修柯氏家庙倡议书】

柯井张氏家庙始建年代久远。在宋朝时，张姓始祖宝庵公从龙海崎巷张埭迁来定居此地。诒德堂内石雕、木雕十分精美，还保存有一座乾隆癸巳年诒德堂碑记，一座光绪十六年（1890 年）重修诒德堂捐题条约碑记。

参观其他地方张氏祠堂，大部分宗祠都蔚为壮观，修饰一新，痛惜曾经辉煌数度的柯井诒德堂宗祠，经历几百年风雨及"文化大革命"的摧残，已破损不堪，现几代人都不见族谱和祖先牌位了，感慨万千。

宗祠族谱是记载一个以血缘关系为主体的家族世系繁衍和重要人物事迹的特殊载体，留住一座宗祠具有寻根留本，增知育人，血肉联情，承前启后的作用。重修族谱、祠堂不仅能使祖宗传承得以沿袭，而且对柯井社也是一种集合力，有利于与外界沟通发展，利国利民。修族谱、祠堂如历朝著史建造，古今皆功德无量。

重修诒德堂的资金约需 60 万元，柯井宗祠重修筹委会向全社及各位宗贤发出号召，有钱出钱，有力出力，需靠广大张氏宗亲群策群力，无私奉献，仁人乐捐若干元，重修柯井诒德堂，感恩列祖和列宗，永留芳名在人间。为激励和褒奖积极捐赠者，促进这一造福张氏宗祠重修工程能早日建成，特制订本办法，广大宗亲可根据本人意愿和实力，捐赠一定数额的建设资金，凡捐赠者无论资金多少，均用不同形式表彰。

重修诒德堂捐赠褒奖方法明细

（1）男丁个人捐赠 500 元以上，芳名列入功德榜。

（2）个人捐赠 5000 元以上，个人 4 寸照片及芳名列入功德榜。

（3）个人捐赠 1 万元以上，夫妻双人 4 寸照片及芳名列入功德榜。

（4）个人捐赠 5 万元以上，合家欢 6 寸照片 4 寸照片及芳名列入功德榜。

（5）社里宗亲、团体或个人自愿捐赠，捐赠褒奖方法同张氏宗亲相同。

备注：缴款地点：柯井祠堂

缴款时间：自 2014 年元月 8 日至元月 28 日

收款人：张全龙、张民权、张清汉

柯井社诒德堂理事会

2014 年元月 6 日

莲塘陈氏

莲塘陈氏家族发源于河南固始县，经金门衍派于同安松田村，至陈公国贤由同安来侯堂（今青礁芦塘）定居创业，传二子：陈光辉、陈光黎。陈光辉以教书为业，传二子再安、再嘉。陈再安留在芦塘，育有 12 子，分居侯堂、古塘、洪厝、龙海石美和泰国（第 12 房）。陈再嘉育有二子，大房陈炳猷（号有为）。二房陈有新早殁，其二子由陈炳猷抚养成人。陈炳猷育有 6 子，因此共有 8 房兄弟。光绪三十年（1904 年），陈炳猷命其长子陈其德回乡主持营建。后举家由青礁迁至海沧莲塘，繁衍至今已有 7 代人。陈炳猷长子陈其德、次子陈其枞，侄儿陈其纯、陈其逊排列第 3 和第 4，第 5 子陈其标，第 6 子陈其慎，第 7 子陈其训，第 8 子陈其彬。孙子先字辈，曾孙全字辈，后面是招字辈、穆字辈。

莲塘陈氏乐善好施，举凡兴办学校、修桥铺路等善举皆不落人后。如今，陈氏子孙繁衍在海峡两岸及海外，足迹遍布越南、柬埔寨、缅甸、菲律宾、泰国、新加坡等东南亚各地，以及澳大利亚、加拿大、瑞典、美国等国，从事士农工商，各行各业皆有所成。

陈氏家庙名"宛在堂"，位于莲塘别墅后花园左侧，坐东北朝西南，建筑面积 1512 平方米。分前后两进建筑，均为硬山顶砖石木建筑，第一进为假叠顶双燕尾脊，面阔 3 间 1 柱，进深 1 间 2 柱。第二进面阔 3 间 2 柱，进深 2 间 3 柱。左右护厝面阔 5 间，进深 1 间，有过水廊与主殿相接。主殿原有神龛，今已不存。对联："洲号莲花堂名宛在，乡连柯井山插大观。"

【海沧莲塘社百年庆典暨祭祖仪式】

2007 年 1 月 21 日，海沧区海沧村莲塘社举行百年庆典暨祭祖仪式，其程序如下。

第一项：行"四献"礼：献茶（分进茶、献茶两部分仪式）；献果（分进果、献果两部分仪式）；献馔（分进馔、献馔两部分仪式）；三献爵（即献酒，要进行三次：一献爵、再献爵、三献爵）。

第二项：献金铂（即献纸质金冥币，由进金铂和献金铂仪式构成）。

第三项：介绍厦门海沧"莲塘社"先祖陈炳猷德善风范。

第四项：宣读祭文。

第五项：上香燃香。

第六项：行三鞠躬礼：一鞠躬；二鞠躬；三鞠躬。

第七项：宗长、宗亲代表讲话。

第八项：礼成。

第九项：烧金铂。

【三都海沧莲塘社百年华诞祭先祖文】

公元 2007 年 1 月 21 日，岁在丙戌，节届大寒；长空澄澈，惠风和畅。值此新春佳节之宜，莲花洲陈氏子孙，同安、金门、嘉禾、集美陈氏宗亲汇聚"莲塘社"宗祠，同庆祖业百年华诞辰，怀赤诚之心，奉俎豆之仪，告祭我陈氏先祖之灵曰：

闽山苍苍，鹭水泱泱，莲花洲陈，肇启清晚，先祖兄弟，一仕一商，仕者弥坚，为官一任，造福一方。商者弥苦，远涉重洋，兴光越南，业既有成，携资返乡。大兴土木，聚落始成。子孙繁衍，人丁日旺，国内海外，宝岛台湾，陈氏后裔，遍布宇寰。

吾祖峻德，乐善好施。开设医堂，义诊赠药，救死扶伤。运粟赈灾，应付水患，济人危难，光绪皇帝，下旨褒奖；钦赐牌坊，屹立海沧，立教兴才，躬身教职，故里乡间，赞誉远传。后裔子孙，秉承祖志，蹈德践行。幼学长教；老养壮用，忠廉为政，诚信工商，蜃创辉煌。

昔我祖业，莲造别墅，规模庞大，气势非凡，居住在东，受教在南，祭祖在西，相得益彰，雕梁画栋，富丽堂皇，艺术典范，冠绝八闽，千古流芳，今逢盛世，国运恒昌，百业光旺，社会和谐，人民安康，赞我祖业，百年沧桑，历久弥新，再放光芒，吉日良辰，子孙携手，齐聚一堂，缅我祖德，永矢弗忘，告慰先灵，永赐吉祥，期我子孙，

莲塘百年庆典

戒骄戒躁，再接再厉，再创辉煌，回报桑梓，奉献社稷。

肴馈既陈，伏惟尚飨！

乡贤名人

　　张夜合（1870—1947年）　柯井人，母亲早年守寡，以替人春米养活子女，家庭条件十分艰苦。张夜合为长子，自幼便挑起家庭重担，以讨小海所得卖给莲塘陈氏家族帮衬家用。莲塘陈氏一家见他勤劳肯干，便带他到南洋务工。张夜合在安南西贡（今越南胡志明市）白手起家，先在一家米店做帮工，同时学习米业经营知识，待到有了积蓄，就开办"合记米行"，做起大米生意。经过约10年的积累，他成为西贡的米业大亨，拥有大货轮10艘，还相继开办了多家米行、铁钉厂、码头运输行等产业，将西贡米运往东南亚各国，获得丰厚的利润，积聚起巨额的财富。1905年，他携资回乡，在柯井社大兴土木，建造了两座红砖大厝，一座为传统三落大厝，另一座为中西合璧的二落精美红砖厝，同时建成一座"省斋"私塾学堂，供村社中的学龄儿童免费读书。

　　张夜合发家后，为了让柯井的乡亲也能勤劳致富，便把许多乡亲接到越南的工厂务工。据说，当时柯井几乎家家户户都有人在张夜合的厂里打工。为了不让乡亲们在越南吃喝嫖赌，挥霍掉辛辛苦苦打工赚的钱，张夜合每个月仅发一部分生活费给他们，其余的工钱则统一在春节前寄回柯井老家。有一次，张夜合得知家乡遭遇水灾，立即从越南运大米回来赈灾，救济乡亲们。张夜合曾任厦门商会副会长，1920年出资向法国人购买了鼓浪屿的两

鼓浪屿姐妹别墅

座别墅（姐妹别墅）作为办公场所。别墅位于福建路和晃岩路交叉路的福建路52号、54号。据文史专家龚洁介绍，姐妹别墅为三层，砖木结构，设有地下隔潮层，四坡屋顶，红砖铺地，系外廊殖民地风格，略有些许法兰西韵致。别墅正面左右筑两个门楼，高大的石库门，门楼顶端为欧式大三角，两旁加装心形柱头，中西风格集于一身，简朴而雅致。姐妹别墅颇有艺术特点，风格不同于鼓浪屿上的其他别墅，是鼓浪屿整体别墅建筑群落中的一个典型，有科研价值。

张夜合于1947年去世，财产大部分充公。张夜合生八子二女，为张振龙、张振基、张振盛、张振超、张振德、张振六（居美国）、张振七（居美国）、张振川（居澳大利亚）、张旦治（居柯井）、张冷治（居越南）。

张允贡　柯井人。早年家庭生活艰苦。同治三年，张允贡随着下南洋的乡亲漂洋过海到越南谋生，帮米店老板补麻布袋糊口度日。在米店里，张允贡勤劳诚信、善于学习，很快学到了米店经营的经验。后来，由于修补的麻布袋多了，张允贡便开始经营旧麻布袋的生意。由于经营有方，获利颇丰，随后利用自己学习到的米店经营知识，开办了"米绞"（碾米厂），做起了大米的生意。后来逐步购置7艘小轮船，把自己购地耕种加工的一袋袋大米运送到大轮船上，将越南米出口卖到外国。他不断地积累资本，逐渐成为富甲一方的商人。后来，张允贡嘱咐儿子张景南回乡建造大厝。张景南从安南运回当地的木材、花瓷砖等建材，在柯井大兴土木，按照闽南习俗，建造了一座精美的双护厝、大六规的闽南红砖厝。1887年，张允贡主持重修了张氏家庙。

陈炳猷（1855—1917年）　莲花洲人，字伯守，号有为。自小聪颖好学，青年时代远涉重洋到越南西贡（今胡志明市）继承父业经营大米生意。陈炳猷精明能干，获利颇丰，将父辈经营的米业发展成为生产、加工、销售、出口、运输的"一条龙"大米产业经营模式。据说，他在高峰时拥有万顷稻田及"万顺安""万德源""万裕源"等 10 家大碾米厂、米店一条街、13 艘大轮船，成为当地的商业翘楚。光绪年间，命其长子陈其德携资回乡，在莲花洲建造大厝，聘请能工巧匠精心设计，建有学堂、住宅、家庙各 1 座。

陈炳猷

陈炳猷育儿 6 人、女 1 人，并抚侄儿 2 人。8 子中人才济济，其中七子陈其训毕业于暨南大学，曾任沧江小学校长，八子陈其彬毕业于南京中央大学，大学时参加中共地下党工作，后曾就职国务院侨办。其孙辈后人遍布东南亚、澳大利亚、加拿大、瑞典、美国等国家和地区。

陈炳猷在家中孝敬父母、抚养弟弟遗孤成人，在外乐善好施。乡里困难之人，不论认识与否，只要前来借钱求赏，皆有求必应，还在海沧开设药堂向穷人赠药。其墓志铭记载，清朝末年，漳州南靖发生水灾，民众与牲畜死伤无数，陈炳猷得知后即从越南运来银两、药品、衣服及 20 万千克大米救济灾民。辛亥革命时，陈炳猷与堂兄弟三人出资数百万白银支持孙中山先生发动起义，又以 20 万两白银营救孙中山先生出狱。

陈炳猷一生热心教育，在莲塘别墅创办了莲塘学堂，聘请教师，办学兴教，本地乡里优秀子弟享有陈家子弟同等待遇免费上学。他视育才兴教为己任，为办学常年往返于越南与莲塘。其后代子孙承其遗志，在抗战时期，海沧沧江小学被日机轰炸，陈氏后人将家庙和别墅提供给教师、学生作为教室和宿舍。中华人民共和国成立前夕，归侨和地方人士在莲塘别墅创办三都中学。1950 年，人民政府接管后改为海澄中学分校，至 1956 年新建校舍后才搬离莲塘别墅。后来还创办了三都中学，即现在漳州海澄中学的前身。❶

【陈炳猷墓志铭】

　　君讳炳猷，字伯守，号有为，本都之侯堂人。生而颖异，诵读胜常儿，长适越南，操商业，算无遗策，越人巨擘焉。性友孝，事父母能先意承志，弟先君卒，抚其遗孤，教之婚之，如己出。又好施与，南靖水患，漂没人民牲畜无数，由安南运粟，放账，全活甚众。乡里穷乏，无论识与不识，向君贷资，未尝无以应也。以丁巳十一月卒，年六十有二，孙曾绕膝呜呼天之报施善人盖不爽矣。

　　陈 炳 煌（1861—1925 年）　莲花洲人，清举人。19 世纪 90 年代，洋务运动兴起，江嵩铁路（海沧的嵩屿至漳州的江东桥之间）筹建时，陈炳煌与陈炳猷兄弟俩慷慨支持筹建铁路。1880 年前后，漳州至嵩屿一带鼠疫猖獗，疫情未退，又有南靖水灾，陈炳煌奉祖母命向在越南经商的陈炳猷兄弟告急，随后陈氏兄弟即汇回钱物赈灾，由陈炳煌主持在海沧大街和龙海石美北门设医局，施舍衣物和药品。光绪二十六年（1900 年），朝廷特建"乐善好施"圣旨坊予以表彰。1917 年，陈炳煌和新坡

---

❶　周翠蓉《厦门莲塘别墅建筑艺术》。

村邱春江两人倡议，集资将沧江书院改办为新型的学校——沧江小学，今为"海沧中心小学"。曾任大清银行广东分行行长，参与创办海沧三都联络局。

李振殿（1874—1965年）　海沧村人，字廷芳。少时就读于私塾，清光绪二十年（1894年），赴马来西亚沙捞越从商，在古晋市自创长城商行，经营进出口贸易。1912年，在新加坡创设长城栈，经营沙捞越土产、橡胶出口业务。日军攻占新加坡时停业，第二次世界大战后复业。

李振殿早年加入同盟会，辛亥革命期间，曾汇款支持福建省都督孙道仁作为军饷。侨居新加坡后，加入早期国民党在东南亚的重要革命阵地同德书报社，并蝉联5届社长。此外，还创办《民国日报》，历任中国国民党英属总支部指导委员、国民政府侨务委员会委员。1928年，山东"济南惨案"发生后，被推举为新加坡山东筹赈会财政。"七七事变"后，被推举为新加坡华侨筹赈会财政，积极进行募捐工作，并当选南侨总会常务委员兼财务主任，至新加坡沦陷前夕，才避居印度尼西亚苏门答腊。

李振殿身兼多种社会职务，主要有新加坡南洋女中总理，新加坡中华总商会董事，福建会馆执委、代主席等。1929年，倡建新加坡漳州总会，蝉联10余届主席。1954年，出任新加坡同济医院主席、怡和轩执委、南洋大学执委会新加坡委员等职，曾获国民政府颁赠的"见义勇为"匾额。1965年2月16日于新加坡逝世。

陈其彬（1913—1998年）莲花洲人，陈炳猷第八子，毕业

陈其彬及其夫人

于中央大学商业系。1931 年加入中国共产党,长期从事地下党工作。1938 年赴越南西贡和当地华人共产党地下工作者创办《越南日报》,积极宣传抗日。后因报社被西贡当地查封,转移至中国香港。在香港多次采购医药及物资并亲自押运,由香港转运到大连,由大连转运至解放区。中华人民共和国成立后,调回北京,在国务院侨务办公室任职。1979 年出任中国国际信托投资公司香港分公司总经理。晚年居住北京,于国家安全部离休。1998 年逝世,享年86 岁。

林恩典(1923—1949 年) 海沧街人,沧江小学第 12 届毕业生。1923 年 3 月出生于商人家庭。1949 年 7 月参加革命斗争,不久加入中国共产党,时任中共厦门地下党组织成员。1949 年 8 月中国人民解放军主力南下闽南逼近厦门,国民党特务疯狂捕杀进步人士,挟持专业人员逃往我国台湾。在白色恐怖中,林恩典受命掩护进步人士和专业人员 100 多人秘密转移进入闽南游击区。1949 年 10 月在执行任务时被捕,随后在厦门警备司令部被国民党特务绞刑杀害,壮烈牺牲。1983 年 6 月 14 日,被厦门市郊区人民政府追认为革命烈士,被誉为"新中国的奠基石"。

李天禄 又名李流星,大路头人,家住沧江小学附近,彭冲在沧江小学任教时发展的地下党员之一。李天禄入党后,于 20世纪 30 年代到新加坡长辛店参加马来西亚共产党的地下活动,抗日战争爆发后回国。曾任海军东海舰队军械供应处处长,20世纪 70 年代转业至厦门市物资局任党委书记。其弟李天财现居海沧。

第二节 宗教信仰

三都瑞青宫

瑞青宫位于海沧村大路头 65 号，地处老海沧东头山之西，面临辽阔九龙江，左临革命烈士陵园，右起 200 米便是海沧中心小学。由前殿、后殿、左护厝组成，均硬山顶，坐东南朝西北。前殿为假叠顶双燕尾脊，抬梁式构架，面阔 3 间 2 柱、进深 2 间 2 柱，门前有门廊。后殿面阔 3 间 2 柱、进深 3 间 2 柱。前后殿间为天井，天井左右两侧有廊道，后殿及左右廊道均抬梁式构架，单条燕尾脊。左护厝为马鞍形山墙、硬山顶，面阔 6 间，进深 1 间。它的石雕、

瑞青宫

瑞青宫道光年间碑记和光绪年间碑记

木雕相当精美，如正立面墙体为花岗岩条石砌筑，大门两侧有石狮子，墙上有镂空透雕螭龙的方形石窗及麒麟、双龙戏珠、虎等石雕。廊道上有雕龙石柱 2 根。

该宫庙清道光二十三年（1843 年）重建，光绪十八年（1892 年）重修。宫内存有道光二十三年的"重兴瑞青宫碑记"、光绪十八年的"重修瑞青宫碑记"两通。据专家考证，道光二十三年的重修瑞青宫碑记，其文出自清代著名文化人吕世宜之手。吕世宜是中国台湾图书馆、博物馆之父，在台湾板桥林家任教达 20 年，这期间多次穿梭海峡两岸，他在两岸文化交流史上有崇高的地位。据清重修碑记记载，瑞青宫始建于南宋乾道年间，供奉白礁慈济西宫分炉过来的保生大帝。据说，因当时青礁慈济宫香客众多，故加建了瑞青宫为分灵庙，统管三都（海沧旧称"三都"）一带的香火。旧时进香活动，临近的村庄都派出阵头参加进香，如青礁村派高跷队，其他村庄的蜈蚣阁就有四五队之多。瑞青宫庙宇全貌及历史 2002 年被收入《福建寺观教堂便览》。

瑞青宫是两岸交流的见证者。据说，老海沧的林姓居民居多，锦里村林氏宗亲主持参与了瑞青宫始建及历代修建。根据《林氏族谱》记载，自明朝末年以来，海沧大量的林氏后裔迁徙到我国台湾地区。目前，人数多达万人。林氏后裔去台湾，按照闽南风俗，要随身携带境主宫香火、祖宗牌位、族谱，这样瑞青宫保生大帝的香火就被请到了我国台湾，建立分庙或与祖宗牌位、族谱在宗祠供奉。

早在 1987 年，就有我国台湾高雄林氏进香团 15 人到瑞青宫谒祖进香。1989 年 7 月，台南香客谒祖进香，宫庙内保存由台湾香客赠送的花瓶、书籍、书法作品等纪念品。2013 年 5 月 10 日，金门烈屿上林村林氏宗亲 30 人到瑞青宫进香，赠送"福佑上林"册子一套。2013 年 6 月 21 日，台南七股区佳里青龙宫顾问团来访，并向瑞青宫管委会发出参访我国台湾的邀请。2013 年 7 月，应金门保护庙、万安堂、保生大帝庙及上林林氏宗亲的邀请，瑞青宫管委会组成 15 人的文化交流团赴金门开展两岸保生大帝信俗和林氏宗亲交流，取得了圆满成功。

　　每年农历四月，瑞青宫都会举办一年一度的保生大帝大型祭祀活动，包括请神分灵、进香乞火、绕境巡游、扣人心弦的乩童穿腮表演、夜间精彩的歌仔戏酬神。整个活动充满浓郁的闽南风俗特点，也成为两岸信徒和民众的一大盛事。

龙王庙

　　龙王庙位于龙庙社，坐东朝西。它由前、中、后三殿组成，均悬山顶。前殿为假叠顶双燕尾脊，抬梁穿斗结合式构架，面阔 3 间、进深 1 间，门前有门廊。中后殿均为单条燕尾脊，均抬梁式构架，面阔 3 间、进深 2 间。前中后殿间为天井，天井左右两侧有廊道。它的石雕十分精美，如透雕螭龙纹石圆窗、龙柱，还有双龙戏珠、人物故事、狮、虎等。庙内有清嘉庆壬戌年（1802 年）和同治十年（1871 年）的"重修龙王庙碑记"各 1 座。1994 年，龙王庙理事会成立，当时受台风等自然和社会因素影响，年久失修的龙王庙仅剩后殿，急需修缮。于是，龙王庙理事会向社会募捐，得到了村民和社办企业的大力支持，现主殿两侧的壁画都是村里外嫁的女儿出钱捐献的。为了修旧如旧，这次修建保留了大部分旧庙的石构件，并在原有的地基上按照原貌修建。据说，龙王庙进香的艺阵不能为龙阵，蜈蚣阁也不行（因为其龙头龙尾），请戏班唱戏也不能点《哪吒闹海》之类的戏文。

　　供奉龙王大使、二使、注生娘娘、佛祖、土地公、马使公等神明。

龙王庙

【重修龙王庙碑记】

　　狮山之麓□□龙王庙据其胜环山面海福地钟□自□□□□□□□□□□□□□□□□□□□□□□□□朝初兴建□□神威赫奕灵异传闻能变化无方极人于厄然则士民之敬礼恕后者宜矣迨历年久而颓桓□□目观心伤余以为修举废坠责无可诿爰是募劝捐资庀材而更新之既落成应书其事于石以垂不朽□神□□□危定倾其所有尤钜岂特护龙像种福田已哉是为记

　　　　　　　　　　　　　　　廪膳生员张春山撰文

（捐资名单略）

　　　　　　　　　　　　　　　嘉庆壬戌年荔月榖旦勒石

董事　廪生张春山　张文福　马阮铨　马角观　张文江　陈三吉
　　信士　周克明　林文思　陈赐得　张清瑞　周渊观　方光辉

重修龙王庙碑记

【重修龙王庙碑记】

是庙之所由兴也，旧碑载之矣其，山川形势清淑，所钟发源远而结穴奇，以龙王之宁居此地而益灵，凡有求必应。虽僻壤遐陬，无不感被，今以栋宇倾颓，捐资修筑，远近人等咸踊跃乐输，斯庙得以焕然复振，龙王必潜，扶而默祐之，是诸君之共襄此义举，而获受其报也，爰勒石以垂永久。

颜椿年志

捐资姓名下（略）

同治拾年蚋月榖旦

董事　陈佳颜轩

颜玉祥话说海沧龙王庙

古老小城海沧位于闽南九龙江下游北岸，城西有座貌似狮子的小山，故取名狮头山。相传，明朝初年在狮头山之麓，兴建了一座三殿式砖木结构的龙王庙，占地面积 1870 平方米。庙宇建筑面积约 402 平方米，规模之庞大数海沧地区庙宇之冠。庙内供奉龙王大使，传说建庙之时，当地有位老者夜间梦见海边漂来一棵大树，众人见后多次将它撑开回归大海，未果。天明，有人在海边果真发现老者梦中之物。仔细观看是棵带有香味的樟木树种，众人将树抬回村里。有人提议：可将大树雕刻神像，众人觉得有理，随即请来能工巧匠，雕刻成龙王大使神像搁置庙内供奉。又传闻龙王大使神威赫奕灵验，能变化无方，吉人抢厄，受方圆百里乡民之敬仰。

庙中现保留两块重修碑记，分别为清嘉庆壬戌年间和清同治十年碑记。自同治年间至 20 世纪 80 年代未曾重修，由于年久失修，庙宇前、中二殿已全部坍塌，仅存的后殿也岌岌可危。1994 年，当地村民自发成立龙王庙理事会，推崇江清辉先生为董事长，率社众向社会募捐 30 多万元人民币，大兴土木，在原地原状上重新修建。历时一年多，使已破烂不堪的龙王庙焕然一新。装饰一新的龙王庙，迎来八方善男信女前来敬拜，人来人往，络绎不绝，香火旺盛。

距龙王庙不足 300 米处建有一座古龙宫，宫内供奉宋朝名医吴真人神像。自古以来，每年农历正月十八，当地社众请来近百支中、西乐队，几十名壮汉扛着龙王大使和大道公（吴真人俗称）辇轿结伴前往两三千米开外的青礁慈济宫谒祖进香，几千号信众随香送行，沿途鞭炮声不断，锣鼓喧天，其场面非常壮观。除此之外，据民间传说：农历五月十五龙王大使诞辰日，当地百姓延续传习惯，在庙前搭起两台戏棚，请来两班歌仔戏团，同场不同台演出，观赏者不计其数，因而得到"海沧香""龙庙戏"的美誉。

龙王庙周边村落的乡民百姓在旱情严重之年自发到龙王庙前祈雨。在播种大豆、花生的季节，有抬龙王大使到田间地头抓"肚佰虫"（蟋蟀）的习俗，以祈求苍天赐予风调雨顺、五谷丰登、消灾灭祸、百姓安康。

随着我国的对外开放，厦门成为我国经济特区之一。如今龙王庙前的海滩正在建设为保税区，几百年的龙王庙，将成为人民记忆的历史场地。

古龙宫

古龙宫位于洪厝，又称"十社庵"，与瑞青宫一样，古龙宫是供奉保生大帝的宫庙。但前者是统管海沧地区香火的重要庙宇，古龙宫则是护佑本社的宫庙。除了供奉保生大帝，该庙还附祀注生娘娘和阎罗天子。据了解，该庙始建于明代，曾经几度重修。原址位

古龙宫

于现在宫庙往东北约 400 米后蓝宫地界，清代迁至洪厝内称为新庵。后新庵因年久失修，破败不堪几乎夷为平地。2010 年，村民自发捐资 40 多万元，在现在位置上建了新庙。后又捐资近 40 万元人民币在洪厝河上增建了一座戏台和一栋专供戏班休息及化妆的楼房。按照惯例，重修时，庙中主殿两侧的壁画都是村里外嫁的女儿出钱捐献的。每年在农历三月十五保生大帝的诞辰日，村民都要请戏班来宫庙唱戏。

大门对联："保济泽惠凡虔诚皆永安，生灵感戴膺祀典而常新。"

侧门对联："古远通今慈善神医保万民，龙脉传承济世药圣佑百姓。悬壶济世无私大道号真人，神灵保生有求必应封大帝。"

戏台对联："保安康积德行善为大，生神医万民敬仰称帝。"

【古龙宫戏台碑记】

焕然一新古龙宫，盛世共和庚寅年间重建，美中不足，尚缺戏台，留下遗憾，众议择地增建。会商果定距宫前约五十米处之洪厝河上建造，洪厝社及周边乡民善男信女能仁贤达自筹人民币近四十万元

于癸巳仲夏破土动工，历时四月有余建成美其名曰古龙宫。戏台建
成填补古龙宫没有戏台的历史空白，皆大欢喜，此乃乡贤之举民众
之劳，刻立此碑激励后人。

古龙宫理事会　甲午年逢春

济津宫

济津宫位于大路头社，坐北面海，宏伟肃穆。供奉代天巡狩池
王爷。宫内有一方《重修济津宫碑记》，花岗岩质，长方体。碑文主
要记述了清道光丁亥年（1827年）重修济津宫时地方官员及国学生
的捐款情况。这对于研究清代厦门地方官吏的设置和流通货币具有
一定的价值。济津宫在20世纪八九十年代翻建。这里不仅是王爷的
供奉地，同时也是村民娱乐休闲的地方。

济津宫

朝源宫

朝源宫

朝源宫又称"王爷间"，是供奉代天巡狩王爷的小庙宇，乃一处幽静之地，当地谚语称"要清王爷间"（意王爷间处最清净）。

三藏宫

三藏宫位于大路头社，因年久失修，目前由村民捐资正在重修中。

护法堂

护法堂位于柯井社，供奉普贤菩萨。每年在农历十一月二十七普贤菩萨生日时，村民请戏酬神。1996年重修。

对联："护佑众生风调雨顺，法正万民国泰民安。"

三藏宫

护法堂

龙王三使庙

龙王三使庙

龙王三使庙位于龙庙社，供奉龙王三使。

海沧天主堂

海沧天主堂位于海沧村大路头社46号，1919年由西班牙神父林栋梁主持创建。当时，厦门有5座教堂：厦门天主堂、鼓浪屿天主堂、海沧天主堂、高浦天主堂和同安天主堂。海沧天主堂建筑面积154平方米，为中西混合式教堂，可容纳100多人。该堂定名为"圣方济各沙勿略堂"，原属海澄县。1949年，因无常驻神父，由修女蔡美玉担任义务传道，主持宗教活动，约有教徒 30 人，望教者 10 人，幼洗儿童 20 人，有教堂 1 间，平屋 3 间，小花园 1 块。中华人民共和国成立后，划归厦门市集美区，为厦门天主堂分堂。1955 年，停止宗教活动，蔡美玉调任厦门天主教传道。教堂及附属房屋被村委会占用，围墙内空地被集美供销社海沧酱油厂租用。1993 年 6 月 21 日，集美区政府、区统战部和海沧镇人民政府在市宗教事务局协助下，召开退还海沧天主堂和基督教会房产协调会议，将海沧天主堂的房产权和土地使用权归还给教会。1999 年，受 14 号台风袭击倒塌，后教友捐资重建，成为当地天主教聚会的重要地点。现在每月最后一周的星期五，神父固定前往海沧天主堂举行一次宗教活动。

天主堂主要供奉圣女小德兰，每年 10 月 1 日举行纪念活动。

海沧天主堂

海沧礼拜堂

海沧礼拜堂位于海沧街道昌海路 110 号，始建于 1920 年，2002 年重建。海沧礼拜堂占地 1270 平方米，包括圣殿和三层牧师楼，建筑面积 710 平方米，是 2000 年由信徒集资 70 余万元人民币新建成的教会活动场所。

厦门作为港口城市，拥有得天独厚的地理优势，早在明末时已有传教士前来厦门传教。在清代开放口岸通商后，更多的西方传教士纷纷进入中国传教。1575 年，天主教最早在厦门传教。

海沧礼拜堂

1842 年，美国归正会最早在厦门传播基督教，基督教的氛围在厦门日益浓厚。

天主教于 1885 年传入海沧。当时不断有外来基督教徒在海沧定居，由于没有活动场所，只好定期到厦门的礼拜堂过教会生活。1885 年，李文彬医生代表海沧地区基督教徒到厦门新街礼拜堂找到牧师黄和成，商谈在海沧"福阴楼"成立讲道所。从此，海沧基督教徒有了自己的活动场所。讲道所由李文彬主持，教会经费自筹，不足部分由厦门新街礼拜堂补助并定期派周之德、陈秋卿牧师前来巡视指导。

1890 年，经过 5 年活动，积累了部分资金，正式把讲道所改名为中华基督教海沧福音堂，与厦门礼拜堂脱离关系。福音堂成立以后，开办教会小学——海沧溯源小学。它实行教徒子弟义务教学的六年制教育，免费为适龄儿童提供义务教育。学校设有教学楼、图书馆等设施，还有明晰的课程设置。教师多数是教友，教学质量很高。后来，小学由政府并入海沧中心小学。据介绍，溯源小学培养了许多海沧商界、军界、文化界等各个领域的优秀人才。海沧小学原校长庄树德、海沧中学原校长黄正胜都曾受教于溯源小学。

当时，聘请林思泰为专职传道。经过 4 年多的努力，教会的规模、财力都有长足发展。林思泰离开后，接替他的是陈庆全传道（金门人），工作了 6 年回原籍。1900 年，传道由陈德修接替。陈德修是惠安人，当年 30 岁，携全家定居海沧，积极办学。1910 年，他倡议筹建圣殿，并四处筹集资金。他在教会主要负责人李矜悯、廖水荣、王昭扬的大力支持下，经过 5 年左右的筹备，在林厝埕购得埭仔尾的土地，并于 1918 年破土动工，至 1920 年建成圣殿、牧师楼、小学校舍及新的福音堂。规模扩大后，设长老、执事与神职人员专职管理教会，并确立陈德修为牧师。

1929 年年初，李玉英牧师（漳平人）来海沧主持福音堂的会务。在此期间，因圣殿几处下沉，在长老李矜悯、执事张金旗、周约亚的倡议下，于 1930 年重建圣殿并改名为"海沧中华基督教会"。

1933 年，李玉英牧师离职，由庄瀚波牧师（惠安人）接任。1936 年，增建"勉励会"，并将圣殿、溯源小学、牧师楼建起围墙，使之合为一体，并增选金枝母为女长老。

1945 年，抗战胜利，教会主办的溯源小学得到很快的发展，开始聘请多名专职教员，扩大招生，学校办得有声有色。中华人民共和国成立后直至"文化大革命"之前的十几年间，教会在爱国运动中都做出了巨大贡献。1963 年，厦门"三自"（自养、自治、自传）爱国会派胡美英传道、刘谦生传道定期轮流到海沧主持工作，直到 1966 年 8 月后停止活动。

1979 年 4 月，随着党的宗教政策进一步贯彻落实，中断了 10 多年的宗教活动逐步恢复。到 1984 年 5 月，批准入教信徒达 50 人。1984 年 12 月 22 日，海沧镇正式交还 170 平方米的礼拜堂给教会使用。1985 年 12 月，举行复会庆典活动。1987 年 4 月 19 日，海沧礼拜堂堂会恢复。热心信徒纷纷捐款，对多年失修的活动场所进行重修扩建。2000 年，投资 30 多万元人民币新建礼拜堂、牧师楼，于 2002 年 12 月落成。❶

礼拜堂崇拜聚会时间：

主日崇拜　　　　　星期日上午 9:00（6~9 月 8:30）；

主日学　　　　　　星期日上午 9:00（6~9 月 8:30）；

早灵修　　　　　　星期一上午 8:30（6~9 月 8:00）；

祷告会　　　　　　星期二上午 8:30（6~9 月 8:00）；

---

❶　参考《厦门海沧文史资料》第三辑"海沧的基督教信仰"。

早灵修	星期三上午 8:30（6~9 月 8:00）；
查经聚会	星期三晚上 19:00；
早灵修	星期四上午 8:30（6~9 月 8:00）；
探访	星期四下午 13:30；
早灵修	星期五上午 8:30（6~9 月 8:00）；
早灵修	星期六上午 8:30（6~9 月 8:00）；
赞美小组练唱	星期六下午 14:30；
教会诗班练唱	星期六下午 15:30。

备注：每月第二个星期日守圣餐，每月第一个星期一为见证会。

第三节　文物古迹

沧江古镇

　　沧江古镇地处九龙江畔下游沿海港区，占地面积约 0.7 平方千米，明代隶属漳州府海澄县。于 1958 年 8 月划入厦门辖区，现属海沧街道海沧社区，与海沧自贸区、保税港区、出口加工区和国际货运港区交错。

　　明末清初，沧江古镇是福建四大商港之一——月港的港尾部分。漳州月港为明朝隆庆开海后的重要港口，由现龙海市海澄镇、石码镇和厦门市海沧为主体，设立安边馆，商业和运输业十分发达，海外贸易量占全国的 80% 以上。沧江古镇从明朝隆庆年间至民国初期成为周边地区来往于厦门的重要通道，完整体现了民国初年的历史风貌，是海上丝绸之路文化核心区的重要历史见证。

　　悠久的历史、长期的文化积淀，给沧江古镇留下了宝贵的历史

海沧老街（一）

文化遗产。这里有"冠绝八闽"之称的省级文物保护单位莲塘别墅；有横街、新街和大街三条老街，三条古街在明末清初形成骑楼式商业街，在鼎盛时期分布有 200 余家商号；有瑞青宫、龙王庙、济津宫、王爷庵、天主教堂、基督教堂等民间信仰场所；有魁星楼、黄公桥及柯井社的张允贡宅、张夜合宅、张氏家庙等闽南传统建筑；还有福建省以及中国东南（浙赣线以南、粤汉线以东约 40 万平方千米）第一条铁路江嵩铁路旧址等。

同时，古镇还有丰富多彩的非物质文化遗产，有国家级非遗项目——保生大帝信俗、送王船、蜈蚣阁；市级非遗项目——海沧土笋冻制作技艺；区级非遗项目——海沧元宵油炬走境习俗，每年一度的龙王庙、瑞青宫保生大帝进香活动，以及流传在民间的大量口传文学和古老的南音、歌仔戏等音乐戏剧。

　　沧江古镇自明代以来为周边交通枢纽和商贸文化集镇，是海上丝绸之路的重要部分。其历史文化悠久、建筑风格独特，具有重要的历史文化价值。

海沧大街

　　海沧大街位于九龙江入海口北岸，曾经是海沧一带最古老、最繁华的商业街道。海沧大街因地处昔日的行政中心而得名。因其独特的地理位置，从明朝隆庆年间至民国初期，海沧大街成为漳州、龙岩地区甚至是西洋人来往于厦门的重要通道，也是中外商贾来往沿海与内陆的落脚地。据说，位于海沧大街南部约200米处、九龙江出海口北岸的衙门前码头，连接横穿海沧大街的唯一水道寒经河，凭借得天独厚的深水良港资源而形成了最初的海沧港，并作为漳州月港最重要的停泊点之一，吸引了大量的洋船商舶进出。洋人在此处兴建教堂传经诵道，过去的海沧礼拜堂和海沧天主教堂沿用至今。

　　车行至海沧街道公交车站前大榕树下，右拐进入小巷，便可见到一条两侧皆是骑楼的街道，这就是海沧大街。作为中国南方典型的商住两用的建筑形式，骑楼的一层为店面，门面大多是长条木板，每日拆装；二层为住宅，行走在骑楼下可免日晒雨淋之忧。东西向的海沧大街与南北向的海沧新街、横街，构成了昔日繁华的商业圈。在老街最繁华的时候，两旁的店面生意兴隆，布店、米店、药店、理发店、裁缝铺、茶馆、菜场等一应俱全，连棺材铺也有。当年海沧人基本都来此贸易，粜籴采办，狭窄的街道上每日挤满了买卖的人群。横街、大街和新街上的古建筑，以骑楼为主，多为19世纪末、20 世纪初建成。这三条老街曾经是海沧最繁华的地带，在老海沧人心目中的地位堪比厦门中山路。如今的街道还零散地分布着一些出售日常生活用品的店铺，店面虽小，但也干净整洁。夕阳西下，

海沧老街（二）

海沧老街（三）

三五成群的老人家围坐在牌桌边悠闲自在地打着纸牌、喝着工夫茶，仿佛时间已经停滞在这条静谧的街道上。

海沧老街的骑楼建筑是昔日华侨共同出资兴建。近年来，陆续有来自马来西亚、印度尼西亚、菲律宾等地的华侨到海沧寻根。

而他们记忆最深刻的，就是昔日繁华的海沧大街。随着海沧大桥的通车，海沧商业中心的转移，海沧大街已经告别了往日的繁华岁月，出生于此的年轻一代几乎都已外迁，只剩一些老年人留守。往日熙熙攘攘、车水马龙的热闹景象已经一去不复返。尽管海沧大街失去了商业街区的功能，但是这里典型的骑楼式建筑和独特的闽南风情还是吸引了不少访古的人们，甚至还有一些剧组看中了这点在此地取景，给落寞的海沧大街带来了新的生机。据了解，到目前为止，来海沧大街取景的剧组已有 20 多个，而且多是在当地居民中找群众演员饰演沿街店铺的经营者及沿街买卖的商贩和顾客，并要求在相互交流时统一说闽南话。其中，位于海沧大街入口处的一栋有 200 多年历史的典型闽南建筑，尽管经过多次翻新，仍保留着当初的样子。多个拍摄清朝末期和民国初期涉及华侨题材的影视剧组，均先后在此拍摄反映昔日街市和家庭生活的场景。❶

海沧古渡码头

海沧古渡码头位于海沧新街路头尾。《海澄县志》记载其为"海沧渡"，是明代月港的一部分。旧时，码头边设有一座凉亭，亭内立有一方"重修古渡头石碑"。在古代，沧江水位较深，商船停泊于此可少受潮汐的影响。因此，许多贸易商船由此出海到海澄、浮宫、白水、石码等地，码头曾盛极一时。每到台风时节，龙海、石码、角美等附近的船只，特别是渔船都会到码头避风。从厦门岛至海沧的汽电船在这里靠岸，每日早晚各一班，全程顺风需 45 分钟左右，

---

❶　《海峡生活报》2009 年 7 月 3 日《五娘故里，石桥依旧》

码头旧址

逆风 1 小时才可到达。海沧大桥通车后，码头逐渐被废弃。

每年农历三月是保生大帝诞辰的月份，来自晋江、鼓浪屿等地的香客也会乘着香船到这里上岸，再步行至三都瑞青宫、青礁慈济宫或白礁慈济宫进香。香船络绎不绝、熙熙攘攘，俗话说"农历十一十二,香船通不利"(形容船多拥挤开不动)。据颜其仁老人回忆，当时鼓浪屿来白礁进香的队伍都是半夜到达码头，神明的辇轿上还安装了闪闪发光的五彩灯。据介绍，属泉州府的进香队伍到白礁慈济宫进香，属漳州府的到青礁慈济宫进香。

衙门前　老地名，位于海沧大街附近，靠近老码头。据说，以前是官府的办公地，故称"衙门前"。逢海上涨潮、水位升高，船只无法停靠路头尾码头时，便改靠衙门前码头。据说，往码头方向有

林厝埕

一座石板桥，每年农历除夕夜大海退潮，石桥附近有一个大石臼会从海里显露出来。

巴刹　老地名，位于黄公桥附近的老街内，曾作为市场。人们用马来西亚语巴刹来称呼这个地方，叫法沿用至今。后由于地方过于狭窄，就改作他用。海沧老街每个月初二和十六有两次固定的"圩日"，附近人们都来此赶集。

林厝埕　老地名，在海沧大街旁的小巷子里，从困瑶迁来的林氏后人居住于此。据说，古时候这里曾出过一位大官，在一座古厝前面还曾经立过石旗杆。现石旗杆已经不存，古厝还在，从屋顶上的一对鸥吻可以看出这不是平常人家的房子。

后港河（涵间河）　溪名，从海沧老码头附近延伸至海沧农场，上有黄公桥。旧时，由于海沧木料运输大多仰赖于此河道，并从新街后面上岸，所以新街后面的这一带旧称杉行。莲塘别墅、柯井等几处古民居建造时所需木料均是从河道运来的。

　　东头山、西头山　东头山在马庵，由于开采石材，现已所剩无几。西头山位于海沧新街北面，又称"狮头山"，状似狮头。因为地势

西头山

险要，历史上曾有军队驻扎于此。旧时山上有一口大钟，遇到紧急情况以钟声示警。

魁星楼

魁星楼位于海沧村大路头海沧中心小学操场上，又名五爱楼。因建筑造型呈八角形，民间俗称"八卦楼"。楼为重檐盔顶仿古式八

魁星楼

角形尖顶建筑，楼分两层，总高 15.39 米，建筑面积 116.97 平方米。上下层四周均有回廊和八根石圆柱，有北门和南门。

该楼在《海澄县志》中没有记载。据残存的碑记记载，魁星楼始建于明代，后毁于战火，清同治甲子年（1864 年）重建。门额上刻有同治甲子年间重修时题刻的横石匾："鳌头拱秀""联步登云"。楼上八面均开玻璃门窗。楼的顶端是一个绿色瓷葫芦（谐音福禄）插着指南针，屋面用琉璃瓦铺成，末端有狮子头瓦当，边沿镶嵌着滴水钵，八角屋檐末端的缠枝花向上翘起。屋檐下的华拱、莲花斗、万字图案等制作精美，极具中国古代建筑之美。楼内现存清同治五年（1866 年）的砌石堰开池碑一方，是拆小学老师旧宿舍时发掘的。现存魁星楼为 1955 年南洋爱国华侨林启文先生捐资重修，二层改成钢筋混凝土结构和穹隆顶。南面二楼的匾额上所书"五爱楼"，即当年重修的印记。

魁星楼历史上供奉着魁星爷神像。魁星爷是掌管文教、考试的神灵，科举时代的学子们在此祭拜魁星爷，以期能高中榜首，走上仕途荣升之路，故此楼得名"魁星楼"。此楼是沧江书院唯一的建筑遗存。明清时期，这里为三都教化之地，是海沧及周边地区的文教中心，每年的祭孔仪式都在这里举行。

1917 年，陈炳煌和新坡村邱春江两人倡议，集资将沧江书院改办为新型的学校——沧江小学。魁星楼也因此成为沧江小学校舍的一部分。在 20 世纪 30 年代，彭冲、郑燧、杨欣荣等一大批地下共产党员都曾在沧江小学任教，以魁星楼为地下活动据点，以教学为掩护，宣传革命精神，团结当地的进步青年，引导青年走上革命道路。这批优秀的革命先辈还在魁星楼成立了红色剧社——海啸剧社。通过文艺阵地，积极宣传抗日，到处播撒革命的种子，为中华人民共和国的成立做出了巨大的贡献。

魁星楼牌匾

　　如今，魁星楼已成为弘扬传统文化和革命精神的重要基地。海沧中心小学将魁星楼辟为革命传统教室，还特意打造了特色校本课程"探究魁星楼"，从历史变迁、建筑特色、传统文化、革命活动等方面对学生进行传统文化和革命精神的双重教育。古老的魁星楼仍在发挥它独特的教育功能。

砌石堰开池碑

　　魁星楼内有清同治五年（1866年）的砌石堰开池碑一方，是拆小学老师旧宿舍时掘出的。碑文如下：

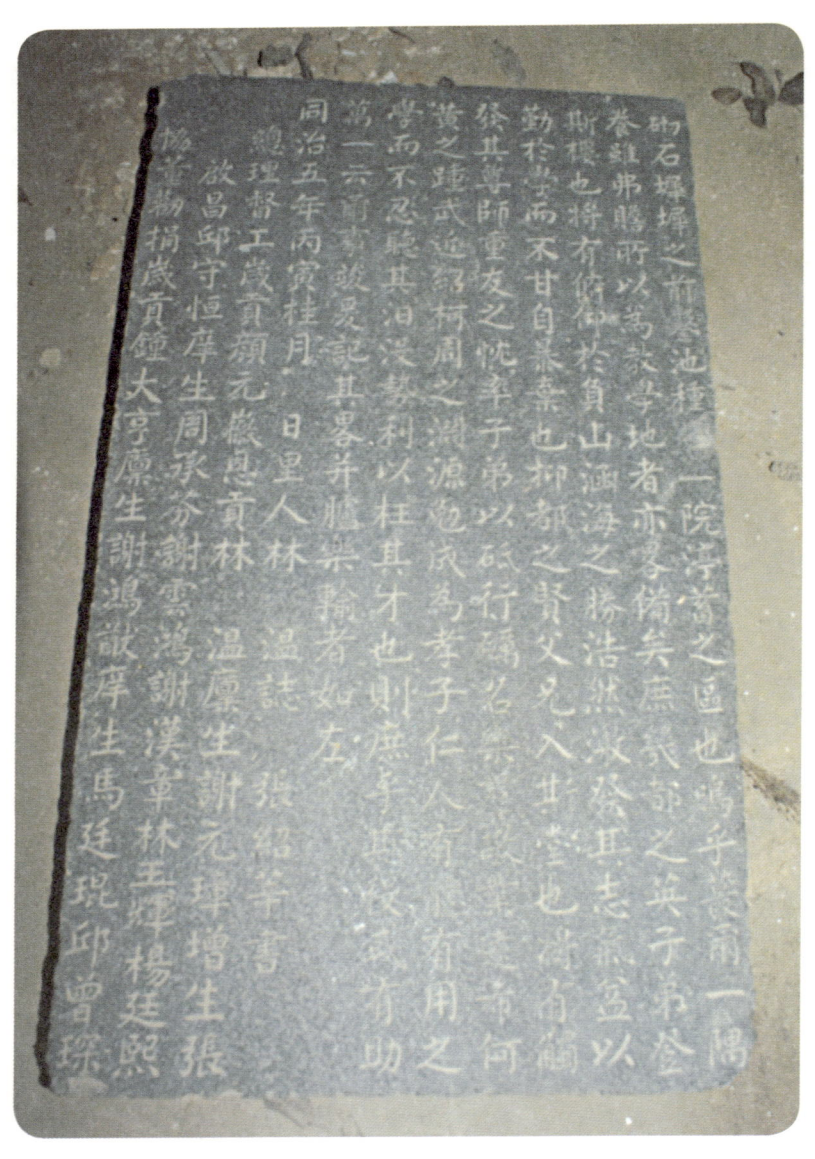

同治砌石堰开池碑

"砌石墀，墀之前凿池种□，一院淳蓄之区也。呜呼！蕞尔一隅，养虽弗瞻，所以为教学地者，亦略备矣。庶几，都之英子弟登斯楼也，将有俯仰于负山涵海之胜，浩然激发其志气，益以勤于学，而不甘自暴弃也。抑都之贤父兄入斯堂也，将有触发其尊师重友之忱，率子弟以砥行砺名，乐群敬业，远希何、黄之踵武；近绍柯、周之渊源，勉成为孝子仁人有体有用之学，而不忍听其汩没势利以枉其才也，则庶乎斯役或有助万一云尔！事竣，爰记其略，并胪乐输者如下：

同治五年丙寅桂月□日，里人林温志、张绍莘书。

总理督工：岁贡颜元微、恩贡林温、廪生谢元璋、增生张启昌、邱守恒、庠生周承芬、谢云鸿、谢汉章、林玉辉、杨廷熙，协董劝捐：岁贡钟大亨、廪生谢鸿猷、庠生马廷琨、邱曾琛。"

黄公桥

黄公桥位于海沧村新街，相传为宋代黄九郎所建。横跨涵间河两岸，后代屡有重修、改建。原桥为五墩石梁桥，东西走向，原长约57.6米，后仅东岸河道被填约16.5米，现桥长约21.1米，桥面宽3.9米。河中仅剩两座花岗岩条石叠砌的船形桥墩，尖的迎水面对着水流的方向。墩间架4条石板。20世纪80年代，此桥改建，加宽桥面并上铺水泥。今桥面距离水面约4米。桥西端街道旁有残石碑1座，上可见楷书"黄公"两字，当是原桥名碑。

相传黄九郎以经商为生，在海沧算是一位富商。当时，海沧的一位渔民打捞到一只巨蚌，里面居然有一颗很大的夜明珠。他看到黄公平日里一向都乐善好施，就把这颗夜明珠卖给了他。得到夜明珠后，黄公的生意日益兴隆，并成为当地的巨富。黄公素来热心，他在沧江看到人们往来靠摆渡，交通极为不便，于是便出资建造了

黄公桥碑

黄公桥

这座桥，名为黄公桥。据说，当时修桥的花岗岩条石是从困瑶村后山尾运来的。如此重的条石是怎么运到此地的呢？据说，修桥时，先将江水围堰，特制的运石船只逆流而上到达后山尾，把石头运到修桥的地方后再将江水放掉，这样大石就成为黄公桥的建造材料了。

明朝嘉靖十七年（1538 年），汀州府通判张元龙到安边馆就任，重修黄公桥，得到了当地百姓的支持。"前驻扎泉州府别驾唐侯泽尝临流兴叹，思继前修，以代去，不果。今驻扎汀州府别驾张侯元龙至之日，进父老询利病，首以桥为言。于是林万爵、魏廷拱、陈廷斜辈相率上状，愿得效力。侯嘉其义，请于海宪漆峰余公，报如章。乃伐石输材，诹吉举事，宏费巨役，不督而臬。"❶

原先黄公桥的桥洞很宽，台风天本地和龙海角美一带的船只，特别是渔民的戽网仔船都进入桥洞避风。夏天时，附近的村民都来这里游泳，夜晚在桥上纳凉。

莲塘别墅

莲塘别墅建于清光绪三十年（1904 年）至光绪三十二年（1906 年），为民国初期华侨陈炳猷在东南亚经商后命其子陈其德回乡营建。莲塘别墅占地面积约 3 万平方米，建筑面积 8000 多平方米，由别墅、学堂、家庙和花园等建筑构成完美的田园聚落，不仅是完整地体现我国古代传统居住、教育、祭祀等多种功能的典型建筑群，也是厦门现存最好、建筑艺术上乘的大型闽南园林式建筑群，具有极高的文物价值和社会价值。2009 年，被福建省人民政府公布为第七批省级文物保护单位。2015 年，入选"美丽厦门新 24 景"。

---

❶　李庆新《明代海道副使及其职能演变》。

莲塘别墅

建筑选址在一处名为莲花洲的小洲上。莲花洲原本为柯井村旁的一片沙洲，因地中央一块石头貌似莲蓬，旁边有几块石头形像莲瓣，且四面环水，故名"莲花洲"。四面水塘上种满莲花，充满诗情画意。清朝年间，祖籍同安松田的陈炳煌、陈炳猷兄弟，在海沧已成望族。陈炳煌中举出仕，陈炳猷远涉重洋到海外经商并于光绪年间携巨资回乡，其子陈其德设计筹建这处聚落。全家从原海澄县三都侯堂社迁进定居，至今居住者仍是陈家的后裔。

雕刻装饰艺术精美

莲塘别墅的砖雕是厦门乃至闽南地区存留的不可多得的艺术精品，堪称"冠绝八闽"。其分布广泛，面积较大，且均为窑后雕，弥

砖雕

足珍贵。从天井墙裙的松竹蕉梅、兰菊芍药，到厅堂的百花、百兽题材，一百余组砖雕刀法流畅、游刃自如、构图精巧、栩栩如生，宛如一幅幅泼墨山水风情画卷。而在别墅堵墙上，几乎汇集了闽南甚至福建空斗砖砌的全部纹样图案，金钱形、五福形、寿字形、宫灯形、棱角形或连环画像、花鸟虫兽，异彩纷呈，美不胜收。与砖雕交相辉映的是莲塘社的木雕与石雕精品，描金的花草狮子坐斗、麒麟坐斗活灵活现，莲花垂珠、花篮垂珠装饰庄重大气，深赋雕刻神韵及艺术品位。可以说，砖雕、木雕、瓷雕、石雕、泥雕和彩绘艺术品，件件都美不胜收。

传统文化韵味深厚

莲塘别墅学堂前两根石柱上，刻着对联"立教兴材凡在吾徒有责，致知格物谁云大学不传"。大门上，"莲塘别墅"四个大字笔力矫健，有对联曰："莲不染尘君子比德，塘以鉴景学士知方。"对联红底蓝字，色彩如新，让人疑心仿佛刚刚写上似的。"松鹤延年""牡

黎明即起洒扫庭除要内外整洁既昏便息关锁门户必亲自检点一粥一饭当思来处不易半丝半缕恒念物力维艰宜未雨而绸缪毋临渴而掘井

朱子治家格言

随处可见的诗词

丹朝阳"等陶饰壁面，精美典雅；右边墙上，镌刻朱子治家格言："黎明即起洒扫庭除，要内外整洁……"字字珠玑。两边窗户形似书卷状，窗棂为石雕竹竿，竹叶婆娑，窗户上方，左窗镌"鱼跃"二字，右窗镌"奋飞"二字。水车堵上，亭台楼阁、山水画卷、民间故事、各色人物，贴金木雕的每一笔皆精致，描金人物的衣饰和发丝都清晰可见，这些无不蕴涵着中国传统文化的深厚韵味。

古典园林布局和谐

莲塘别墅的布局别出心裁，建造者独具匠心，利用莲花洲中央貌似莲蓬和莲花瓣的天然石头景物，在此蓄水成塘，设计成莲花的花蕊，围绕花蕊而建造住宅、学堂和家庙。几栋建筑虽朝向有别，但和谐相配、构思奇妙，形成了四面向心、和而不同的独特布局。

建筑内建有小花园、上花园和后花园，其中尤以上花园最为出彩：或曲径通幽，蜿蜒盘旋；或石阶衔接，拱门回廊。龙眼树掩映下的假山猴洞，双回六边莲池中的小桥流水，无不散发出浓郁的园林造景韵味及半山半水的诗情画意。

学堂第二进正厅前有一座演戏亭，东西两厢各建有一座观戏亭。据说，作为教学之所的演戏亭，是祖上从外地引进的。闽南一带的古厝，均未见演戏亭类似结构。不过据老一辈说，演戏亭平时并非闲置无用，族中子弟在此读书，掌教者时常会邀请一些鸿儒来此讲课，讲者居中在演戏亭中开讲，族中子弟则列座天井中听讲，左右观戏台则成了来宾客座。可惜数十年遭遇台风，正厅演戏亭和左厢观戏亭先后坍塌了，现仅存右厢观戏亭。

莲塘别墅的花园

西洋异域风情独特

在莲塘别墅门庭的"水车堵"上，有一座通商洋行的雕塑。"水车堵"是闽南民居建筑中特有的装饰，用灰泥、交趾陶立体地展现戏剧人物、山光水色。而莲塘别墅的建造者可谓别出心裁，把海外见闻，凝固在了自家豪宅上。这一列"水车堵"，俨然一幅地理人文的画卷，大海是其宽广的背景，近处是中式的亭台楼阁，远处是西洋的楼房，海面上还有几只"火烟轮"。据说，这种式样的船，在百年前是世界上先进的蒸汽动力船，主人把它缩龙成寸用来作为自家的装饰物，而通商洋行这个雕壁则位于"水车堵"的中心位置，虽然曾遭破坏，但洋行招牌清晰可见。水车堵左侧是中华风光，右侧是外夷景色，这列在屋檐下平时并不引人关注的"水车堵"，刻画出了百年前海沧人放眼看世界的豪情。

此外，在住宅前门庭的两个掌拱上装饰着两尊雕刻精细的外国人形象。右边一位是男性身穿制服，头裹头巾，腰束宽大的皮带，有八字胡，神气活现。左边是女性，身材丰满，长裙飘逸。据说，男性的洋人形象是卫兵。历史上这种形象的洋人类似现代的保安，是大银行或大公司及机要部门的门卫。女性形象俗称"番仔婆"，是洋人家庭中好主妇的形象。由于当时陈氏家族在海外经商，故在建造莲塘别墅时，就把洋人的形象引进来了。

莲塘别墅的花园除了那些精致的假山、小桥流水给人深刻的印象之外，有一道奇景经常容易被忽略，那就是当年主人利用穿行在海上丝绸之路的方便，经常把一些国外的奇花异卉带回来种在自己的花园内。这些花卉长势奇特，大多是多元生草本。随着后来陈家家道式微，这些番花没人照料，自生自灭。五十多年前这些番花还有几十个品种，有的开黑色的花，简直让人不可思议，也有宝石蓝、杏黄色、墨绿色，有的大如牡丹，有的小如梅花，陈家人叫不出它们的名字，统一称"番花"。但是现在番花在花园里剩不到 10 个品种了，只有一棵番树还长得十分茂盛。这棵番树是能结果的，每年秋季的时候开黄色的花，结白色的果。果肉嫩软，带有花香，吃起来酸甜。每年春节的时候，这棵番树是最有用的。因为初九祭天时，要做红龟，通常都要用粽叶来垫底，但这棵树的叶子就像龟的形状。用它垫底做龟，大小适中，蒸熟之后又不粘底，因此这棵番树被陈家老人称为"龟果树"。经查证，龟果树又叫凤眼果，引种自南洋，为梧桐科植物苹婆的种子。龟果树属梧桐科的一种植物，又称"苹婆"，这种称呼可能来自外来译音。每逢秋季，凤眼果结于苹婆树，这种凤眼果外表棕黑色，泛油光。它具有温胃、

外国人石雕男和女

杀虫、治虫积腹痛的功效。每年结果时，莲塘别墅的花园并无关卡，任凭孩童们摘取。

别墅落成百年来，历经了岁月沧桑和风雨洗礼。20世纪50年代，天井钢罩、铜门把手等物被拆下炼钢，珍贵的金属构件被化为废铜烂铁。同时期，农械厂在家庙"宛在堂"装机械、建车间、填河道，原有的优美环境几乎破坏殆尽。"文化大革命"期间，红卫兵"破四旧"，将许多精美的雕塑字画生生毁掉。加之盗贼的光顾，这栋精美的建筑历尽了磨难。为了保护莲塘别墅，2009年，福建省人民政府将其列入第七批省级文物保护单位，区文物部门也采取了一系列的保护措施，这栋古老而精美的建筑将焕发出新的光彩。

文物价值 ❶

历史价值　莲塘别墅营建者陈炳猷青年远涉重洋、中年经商致富、晚年回报乡梓，是近现代华侨人生境遇的真实写照。陈炳猷晚年遣子营建莲塘社，阖家安居，祈为永业，体现了铭刻在华侨身上的中国传统思想观念。因此，莲塘别墅是闽南近现代华侨海外奋斗史的重要见证，对研究我国华侨史以及厦门近代经济史、社会史具有很高的价值。

莲塘别墅大厝、祖祠延续闽南地方建筑传统，学堂虽然采取传统建筑材料，但建筑平面、建筑结构、装修装饰均与地方传统建筑有巨大差别，与传统私塾更是截然不同。学堂以天井为中心前后对称、左右对称，糅合了近代东南亚殖民地建筑装饰风格，完全摒弃大厝及祖祠所体现出来的传统尊卑的等级制度，体现了近代追求民主、平等、自由的社会精神。因此，莲塘别墅大厝、学堂、祖祠共同折射出了近代华侨华人传统与现代融合的精神世界。

莲塘别墅大厝、学堂墙体厚实，各处大门房门采取石框板门、防盗系统的重门设施，窗户普遍为石框、石棂或铁棂，内做厚板窗，局部天井甚至架设铁格天棚，处处体现了防盗和防抢的理念，与当地如海沧新垵村、霞阳村等近代民居建筑防盗设施如出一辙，深刻反映了近代闽南沿海动乱不安的社会情形，具有实物证史的重要价值。

科学价值　莲塘别墅择水间陆地为址，巧妙利用岩石营建假山，喻为莲蕊，以花园为中心呈品字形分布住宅、学堂、祠堂等建筑群，似莲花怒放，集居住、教育、祭祀、游览、娱乐于一体。一墅一村，功能齐全。外侧碧水环绕、莲香飘飘；内则假山戏亭、

❶　福建省博物院考古研究所《莲塘别墅修缮方案》。

人声鼎沸，体现了中国社会敬祖崇文的人文传统，是闽南近代住宅园林的代表作，堪称我国传统改造利用自然景观、营建理想人居环境的典范。

莲塘别墅整体规模宏大，是厦门地区现存最大的家族建筑群。大厝、祖祠、附属房等继承了闽南传统建筑的平面布局，建筑结构特色，布局合理，通风采光条件较好，且采取山墙搁檩构架形式，厚重坚固，具备出色的防风、防水、防盗的功能，是近代闽海系红砖建筑的典型代表。

艺术价值 莲塘别墅艺术品众多，艺术形式既有假山、石雕、木雕、砖雕、泥塑、彩绘、拼图和剪粘等，还有西方的哥特式尖拱窗额。题材除了传统的瑞兽祥禽、花鸟山水、人物典故、联对格言外，还有东南亚殖民地建筑风格的洋楼雕刻等。部分水车堵以中外建筑、景物对照。莲塘别墅既体现了中国传统审美观念，继承了闽南传统建筑装饰艺术，又融合了国外装饰艺术手段，体现了近代闽海系红砖建筑的旧传统与新发展，充分体现了闽南建筑近代转型的主要路向。

社会价值

莲塘别墅具有重要的涉台价值。莲塘陈氏族人与金门县金城镇庵前村等地的陈氏族人同祖同宗，至今联系密切。不少金门的陈氏族人曾来厦门访亲。因此，莲塘别墅是我国台湾同胞思念祖先、追忆同族情怀、深化认同感、追寻历史的客观寄托，也是我们加强与我国台湾同胞、海外侨胞联系的桥梁。

莲塘别墅展示利用前景看好，可期产生较好社会效益。莲塘别墅是中国传统建筑选址布局文化、地方传统建筑的营造技术、园林艺术、装饰艺术与西方近代建筑装饰艺术的完美结合，历史、科学、艺术价值极高，蕴藏着巨大的旅游价值和经济价值。

【莲塘别墅楹联选录】

　　莲不染尘君子比德，塘以鉴景学士知方。

　　立教兴材凡在吾徒有责，致知格物谁云大学不传。

　　能明德新民所学无小，合百家众论而衷以经。

　　此地半山半水，其人不惠不夷。

　　大丈夫为人处世芝兰正气，好男儿志在四方鲲鹏展翅。

　　洲号莲花堂名宛在，乡连柯井山插大观。

　　宛然水气中和抱，在此山容拱卫来。

　　插耳耸大观四面环流争绿绕。

　　列屏瞻太武一山入画送青来。

　　家声丕振沧江科第更蝉联，庙貌聿新圭海衣冠推鹊起。

此地半山半水

其人不惠不夷

东头山烈士陵园

东头山烈士陵园又名海沧革命烈士陵园，位于东头山的西南坡，西北3000米左右为岐山，南500米为九龙江入海口，东北为原海沧中学所在地，为大路头居民区，东南100米为采石场，占地2.5亩。山坡中央为整齐划一的烈士墓群，墓群的前方左右两侧有攒尖顶的八角亭2座，旁边还有一通纪念碑。园内松柏常青，长眠着解放厦门鼓浪屿战斗中牺牲的48位烈士。1958年元旦，由当时的海澄县人民政府整理、修整陵园，并修建闽南台湾式传统建筑式的大门，上书："海沧革命烈士陵园。"大门有对联："为国牺牲，永垂不朽。"

2003年海沧区划调整后，每年安排专项资金予以管理维护。

东头山烈士陵园

2016 年 9 月，强台风"莫兰蒂"正面袭击海沧造成严重灾害后，中共海沧区委、海沧区人民政府决定，对陵园进行全面修缮，新建主题雕塑、浮雕纪念墙和环园步道，翻建纪念亭，修缮门楼和园林，以更加庄严壮丽的景观氛围告慰烈士英灵。

重新开园的海沧革命烈士陵园，新建的主题雕塑《飘扬的红旗》，重现了当年解放军解放厦门攻下战略高地的英勇场景。陵园四周新建的浮雕纪念墙则向人们讲述了当年战士们在海沧人民支援下，奋勇解放厦门鼓浪屿的光辉事迹。现在，这里是海沧的爱国主义教育基地、青少年教育基地。每年清明节期间，海沧各界干部群众、各校师生都会自发前往革命烈士陵园，祭奠和缅怀革命先烈。

乐善好施坊

1880 年前后，漳州至嵩屿一带鼠疫猖獗。疫情未退，又有南靖水灾，死尸沿九龙江漂下，惨不忍睹。陈炳煌奉祖母林氏（陈光辉之妻）之命，向在越南经商的陈炳猷、陈炳勋、陈炳坤兄弟告急。三兄弟即汇银钱、20 万千克大米及衣物赈灾，并由陈炳煌主持在海沧大街和龙海石美北门设医局，施医、施药、施米、施衣、施棺，莲塘陈氏慈善的声名远扬。为表彰陈氏家族的光辉事迹，光绪二十六年（1900 年），清兵部尚书闽浙总督兼福建巡抚许应骙奉旨为诰赠通奉大夫、储赠文林郎陈光辉妻林氏二品夫人，建"乐善好施"圣旨坊。牌坊原址在原海沧中学校门口道旁，1990 年因石矿开采牌坊被拆除。

张明贵宅

张明贵宅位于大路头社，清代所建，地处大路头居民区，大体坐北朝南。原由前后两进主体建筑与左右护厝组成，右护厝已拆除建新房。所有建筑的木梁均架于墙上。第一进和第二进主体建筑均为单条燕尾脊，面阔3间，进深2间，第一进和第二进间为天井，天井两侧为平脊的厢房。左护厝，叠顶燕尾脊，面阔6间，进深1间。它的屋脊有狮子、花草等灰塑；门廊两侧的墙上有人物、花卉等彩画。保存状况基本完好。

柯井张氏宅

柯井张氏宅位于柯井社56号，清晚期建，坐北向南，地处柯井居民区内，由围墙、院内和两进主体建筑构成。第一进为假叠顶双燕尾脊，第二进为单条燕尾脊，均面阔3间、进深2间。左右厢房各1间，梁均架于墙体上。它装饰简单，有一些木雕和书画等，书画多已不清楚。据介绍，清末有200多名张氏子孙同时居住于此，由于人口众多，每当吃饭的时候都要敲钟。虽然是大家庭，但是由于家风很好，家人相处十分和睦，县里还曾颁发嘉奖的牌匾。

张亚贡宅

张亚贡宅位于龙庙社，坐东北朝西南。清后期，村民张亚贡到越南做生意，赚钱后建此宅。此宅地处龙庙居民区内，由前后二进和左护厝两列、右护厝构成，均硬山顶，梁均架于墙体上。第一进、第二进均单条燕尾脊。前者面阔 3 间、进深 1 间，门前有门廊；后者面阔 3 间、进深 2 间。左右护厝三列均叠顶双燕尾脊，面阔 6 间，进深 1 间。它的石雕（柜台脚）、木雕（几何纹、狮子）装饰较为简单，此外，还有诗文、灰塑、剪粘、西洋铺地砖等装饰。有一玉香炉十几年前被偷。

陈全宁宅

陈全宁宅位于洪厝社，坐东北朝西南，建于清代末年。此宅地处柯井居民区内，原由前后两进主体建筑及左右护厝构成。现第一进仅存墙体，第二进为单条燕尾脊，面阔 3 间、进深 2 间。左护厝已倒，仅存右护厝，叠顶、平脊、马鞍形山墙，面阔 6 间、进深 1 间。它的石雕（如透雕螭龙纹方形石窗）、木雕（主要是鳌鱼、狮、螭龙、花鸟等）、灰塑（螭龙、山水等）、书画等较为精美，有相当高的艺术价值。此宅为建芦塘举人楼的陈炳煌所建。

颜永成宅

颜永成宅位于洪厝社，坐东北朝西南，建于清代晚期。此宅地处柯井居民区内，由一进主体建筑及左侧护厝构成。主体建筑为单条燕尾脊，面阔 3 间、进深 2 间。左护厝叠顶，平脊，马鞍形山墙，面阔 4 间、进深 1 间。它的木石雕刻、剪粘等较为精美，主要有狮子、大象、花卉等，有较高的艺术价值。"文化大革命"时期，彩绘书画部分毁坏，20 世纪 90 年代木雕部分被盗。

颜永成私塾

颜永成私塾位于洪厝社。它坐东北朝西南，建于清代晚期。地处柯井居民区内，由前后两进主体建筑及左右护厝构成。第一进为假叠顶双燕尾脊，第二进为单条燕尾脊。两者均面阔3间、进深2间。左右护厝叠顶，平脊，马鞍形山墙，面阔6间、进深1间，后界早年已拆。它的木雕、灰塑、彩绘、书画等较为精美，保存基本完好，有相当高的艺术价值。

颜永成宅（第三座）

颜永成宅位于洪厝社，坐东北朝西南，建于清代晚期。此宅地处柯井居民区内，前为围墙及庭院，由前后两进主体建筑及左右护厝构成。第一进为假叠顶双燕尾脊，第二进为单条燕尾脊，门廊很宽。两者均面阔3间、进深2间。厢房平脊，右侧的已毁。左右护厝叠顶，平脊，山墙不是常见的马鞍形而是山形，面阔6间、进深1间。很有特色的是，在它的大门外走道上有在花岗岩石刻出的太极图案。它的木雕（主要是鳌鱼、狮、象、花卉等），灰塑（螭龙等），彩绘（主要是几何纹），书画（山水画等）等较为精美，有相当高的艺术价值。20世纪90年代初，部分木雕被盗。

颜宏智宅

颜宏智宅位于洪厝社，坐东北朝西南，建于清代晚期。此宅地处柯井居民区内，原建筑由前后两进主体建筑及左右护厝构成。现后进及右护厝后段已倒，仅存第一进和护厝。第一进为假叠顶双燕尾脊，面阔 3 间、进深 2 间。左右护厝叠顶，平脊，马鞍形山墙，面阔 6 间、进深 1 间。右护厝仅存前半段。它的木雕、拼砖、彩绘、书画等较为精美，有相当高的艺术价值。

张公武、张公跃宅

张公武、张公跃宅位于柯井社 31 号，为左右两组建筑共同构成的规模宏大的四合院式闽南传统建筑。此宅大体坐北朝南，建于清乾隆年间（约 1740 年）。东边的左侧一组建筑由前后两进主体建筑组成，均单条燕尾脊，面阔 3 间、进深 2 间。西边的右侧一组

张公武、张公跃宅

建筑也有前后两进主体建筑，均单条燕尾脊，面阔3间、进深2间。左侧有一列护厝，叠顶燕尾脊，面阔6间、进深1间。原有双护龙，现只余右护龙，左护龙已拆建新房。这些建筑的内墙有夯土墙、泥坯墙等，外墙下部用花岗岩条石砌筑，上部为填盒式砌法的红砖墙，梁均架于墙体上。它十分简朴，基本上无石木雕刻等装饰。

此宅的特色在于屋顶瓦片有三条黑色筒瓦（仿照皇宫建制）、大门两侧屋檐下是三拱两斗、门口有一条长约6米的长阶石。

张夜合宅

张夜合宅位于海沧村柯井社25号、27号，1905年由在越南经营大米生意的华侨张夜合出资所建，地处柯井居民区内。该宅实际上是左右两组建筑，共同构成规模宏大的四合院式闽南传统建筑。此宅坐西北朝东南，均建于1913年。东边的25号由主体建筑、左右厢房和左护厝构成。它们均平脊，马鞍形山墙。门廊身堵饰有彩塑花瓶，寓意富贵吉祥。廊柱使用全石柱、石斗拱，墙裙用大块面泉州白，彰显闽南特色的雅洁豪华。左墙立面彩塑治世格言，石柱为浅雕缠枝花卉，石堰头上也配以彩塑；右墙立面为荷花白鹤、和福教子格言以及浅雕梅鹿竹菊，透出浓郁的儒雅气息。其特色还在于，主体建筑前有一山字形山墙平脊四角起翘的方形门前亭。建筑内设私塾，为柯井社孩子提供读书的场所。它的主体建筑面阔3间、进深2间，左右厢房各1间，左护厝叠顶平脊，面阔6间、进深1间。西边的27号由前后两进主体建筑及左右护厝构成。第一进和第二进均面阔3间、进深2间，梁均架于墙体上。第一进为假叠顶双燕尾脊，第二进为单条燕尾脊。左右护厝叠顶，平脊，马鞍形山墙，面阔6间、进深1间。它的装饰华丽，石木雕、拼砖、彩绘和书画等特别精美，艺术价值很高。"文化大革命"时部分彩绘、书画毁坏。

　　楹联选录："清水澄辉新景象，河图献瑞耀文明""省身诚切勤来道，斋室清和好读书"。

张允贡宅

　　张允贡宅俗称"大六规"，位于柯井社。该宅为规模宏大的四合院式闽南传统建筑，坐西北朝东南。地处柯井居民区内，始建于清光绪十三年（1887年），历三年方建成。有大小房间40间，面积2041平方米。它由前、中、后三进及左右各一列护厝构成。三进主体建筑均为叠顶双燕尾脊，一、二进均面阔3间、进深2间，梁均架于墙体上。主厅两侧的寝房有枪眼，楼上有四通八达的木廊道。第二进为后寝即后界，面阔9间、进深2间。左右护厝均平脊，马鞍形山墙。右侧天井的小亭，"文化大革命"时被毁。中华人民共和国成立前，曾作为国民党团部；中华人民共和国成立后，曾作为小学校。主人张允贡年轻时驾小船到越南，从补麻袋到建碾米厂，再到购买大船从事大米运输生意，日渐发达起来。不断积累资本后，在光绪十六年（1890年），他嘱咐儿子张景南回乡建造大厝。张景南从安南运来了木材、瓷砖等当地的建材，返乡大兴土木，按照闽南习俗，建造了这座精美的闽南红砖厝。

　　张允贡宅坐北朝南，前后有三院落，左右有双护厝，在当地建筑中颇为宏大。建筑风格雕梁画栋，其中木雕及瓷雕最为精美，故而遭到偷窃也是最为严重的。古厝门廊上方、外墙、地板使用多姿多彩的法国瓷砖，石雕、砖雕和木雕则凸显中国传统的雕刻艺术。木雕多为漆金木雕，工艺有透雕、圆雕、浮雕、浅雕等，以牡丹（花朵富贵）、狮子（镇邪，吉祥寓意）居多。交趾陶壁画保留较为完整，也是古民居中较为罕见的。整体装饰风格充满了中西合璧的独特韵味。

张允贡宅在抗战时期曾为沧江小学借用，作为学校。据说，为了防止日本人来破坏，张家在入门处左侧前面用法语刻了一段话，意为此处是法国领事办公场所，未经允许任何人不得进入。当时，日寇轰炸莲塘别墅，师生们躲避到这里继续上课。之后，大厝也曾作为沧江小学使用。

楹联选录："万选评文唐学士，二铭垂训宋儒宗。"

张振成宅

张振成宅位于海沧村柯井社，民国时期所建。此宅坐西北朝东南，地处柯井居民区内。房屋正前方有一口池塘，北 600 米为漳嵩铁路东西穿过，西南 600 米为海沧街道所在地，南 800 米为九龙江口，西北 2500 米为岐山。由前后两进主体建筑构成，所有建筑的木梁均架于墙上，硬山顶。第一进为假叠顶双燕尾脊，第二进为单条燕尾脊。第一进和第二进均面宽 3 间、进深 2 间。中间为天井，天井两侧为平脊的厢房。它装饰华丽，很有特色的是，大门两侧的墙面、地面铺贴从日本东京买回来的花瓷砖，主要为花卉构成的几何形图案。它的水车堵等处有花鸟、山水等彩画。此外，还有较为精美的石木雕刻，如梁架、屏风等有人物、狮子和花草等木雕。"文化大革命"时水车堵装饰部分毁坏，20 世纪 90 年代供桌等被盗。该宅是张振成于 20 世纪 30 年代，在越南河内经营稻谷生意发财后回乡所建。

张亚治宅

张亚治宅位于海沧村柯井社 18 号，清末所建，坐东北朝西南。此宅地处柯井居民区，东南 500 米为海沧街道所在地，北 600 米为漳嵩铁路东西穿过，南 500 米为九龙江口，西北 2500 米为岐山。它由一座主体建筑、左右厢房和左护厝组成。它们均平脊，马鞍形山墙。主体建筑面宽 3 间，进深 2 间。两侧为平脊的厢房各 1 间。左护厝建筑，面阔 6 间、进深 1 间。左右护厝均单条燕尾脊，硬山顶，马鞍形山墙，面阔 8 间、进深 1 间。所有建筑的木梁均架于墙上，硬山顶。该宅的屏风有少量木雕，山墙有灰塑装饰。

张四全宅

张四全宅位于柯井社 2 号，清代所建，坐东北朝西南。此宅地处柯井居民区，它由前后两进主体建筑与左右护厝组成。第一进为假叠顶双燕尾脊，第二进为单条燕尾脊。它们均面宽 3 间、进深 2 间。第一进和第二进间为天井，天井两侧为平脊的厢房。左右两侧各有一列相互对称的护厝建筑，均平脊，马鞍形山墙，面阔 6 间、进深 1 间。左右护厝均单条燕尾脊，硬山顶，马鞍形山墙，面阔 8 间、进深 1 间。所有建筑的木梁均架于墙上，硬山顶。该宅的梁架、雀替、坐斗、格扇、屏风有十分精美的木雕，主要有螭龙、花鸟等。它的"水车堵"有精美的人物、花草等彩画，大门两侧的墙面上有几何形彩绘装饰。"文化大革命"时，部分彩绘被毁。

叶天从宅

叶天从宅位于海沧新街，清代所建。它坐东朝西，为由前后两进主体建筑与左右厢房组成的四合院。所有建筑的木梁均架于墙上，硬山顶。第一进和第二进主体建筑均平脊，马鞍形山墙，面阔3间、进深2间。第一进和第二进间为天井，天井两侧为平脊的厢房各2间。它的屏风等有六边形组成的几何纹和"金玉满堂"木雕。

海上丝绸之路造就海沧古民居

千百年来，海沧一直是阵阵涛声、片片帆影。《海澄县志》记载："土人以海为生活，小艇片帆每截流而横绝岛，奇珍宝货亦时而至。"海沧人下南洋，带去家人的希望，带回生活的依托。可以说，下南洋的先辈在故里建起来的居所就是漂洋过海而来的。资金是通过海上贸易辛苦赚来的；木料和装饰材料大多从南洋带回；屋内摆设也随处可见海洋气息。

在许多海沧古民居里，可以看到其先人从南洋带回的西洋镜和西洋钟。有的家里甚至摆放从海外带来的巨大砗磲、珊瑚，甚至奇石、宝石等，这些宝物历经沧桑依然光照可鉴。

海沧现存古民居的壁画上随处都彰显出特有的海洋文化气息。这里的古民居仪态不同于其他地方，在永裕堂的水车堵上可以发现栩栩如生、形态各异的鱼和虾，以及滨海景观，甚至还能发现充满异域风情的建筑风格。

最令人感慨的是，许多古民居的壁画上出现形态不同的船只。如永裕堂门梁上绘着一艘鼓动着风帆的多桅帆船，这艘帆船是典型的同安梭船（是福船的精品），有五桅八帆，这种船型曾经作为诰封琉球王的封舟，登上中国金币；庆寿堂的壁画上绘有一艘特殊的帆船，船中心与众不同地竖着一个巨大的烟囱，而且还冒着浓烟，很容易使人辨认出它是西洋船只的蒸汽船；另一幅壁画绘有眼睛的两艘船只，一只卷起布帆，另一只则竹帆迎风招展。带眼眼的船只在闽南一带出现，老造船师傅说，维修的时候，船不离水，但通过丈量船眼睛的长度便可知船龙骨的长度。先人的智慧真是绝妙！竹帆也是南宋时期闽南特有的产物，较之布帆、草帆，竹帆更加坚固耐用。邱韵香故居的壁画上可以看到形貌更为清晰的竹帆船。房梁上不仅绘有古代帆船，还绘有两艘外国的甲板船，在它们旁边，竹帆船显得娇小玲珑。当时，国内外商贸往来频繁，船只琳琅满目。

海沧昔日的港口渡头在沧海桑田的变迁中，已难寻觅樯帆如阵的景致，唯有粉墙横梁之上的一笔一画，记忆下过往的繁华。片片帆影可带人们回溯那段海上丝绸之路的辉煌……

探访张允贡故居

海沧村的柯井社与莲塘别墅毗连，形成古民居群。"风土海沧"民俗调查组选择了张允贡故居进行探访，通过对这座百年前豪华民居的了解，可以追溯沧江古镇的一段历史风华。

红砖红墙碎石路，行走在海沧区海沧村柯井社，沿着曲曲折折并不宽敞的村道，伴着远远近近的犬吠声，有一种渐渐接近历史的感觉。眼前突然豁然开朗，一幢红砖古厝美轮美奂。推开门，一个老人从屋内走了出来。在调查组说明来意后，他表现出了村里人特有的质朴与热情。

张允贡故居内景

老人名叫张联煌，这幢古厝是他的祖厝。谈及古厝的历史，老人一脸骄傲。清朝年间，村中许多青壮年为了赚钱养家，纷纷走上先辈们已经拼搏了好几代人的海上丝绸之路。张允贡当年就是从家门口搭上族人前往南洋的船只，在异乡辛勤打拼许多年，后来立足在安南（今越南）。从补麻袋到建碾米厂，再到购买大船从事大米运输生意，张允贡日渐发达起来，积攒了不少财富。

在异国他乡的海沧华侨，几乎都有一个同样的信念，在南洋赚的钱，首先保障家庭妻小的生活，然后惠及相邻父老，真正发达了之后再回到故里建豪宅，一了思乡情结的同时也光宗耀祖。清朝末年，张允贡带着半生积攒的钱财和来自海外的建筑材料回到海沧柯井社，建了这幢精美的大宅。

门庭前，右边墙壁是一幅用汉隶书写的生活格言，而左边却是墙体暴露。这是为什么呢？张联煌先生说："这处暴露的墙壁，原来是用法文书写的田园诗章。但"文化大革命"时，外国的文字容易引起红卫兵的警惕。为了免生事端，只得把它刮掉了。"原来，张允贡在越南经商，当时，越南是法国的殖民地，法文十分流行。张允贡入乡随俗，对法国文化产生了兴趣，因此建房时大量地引进了具有法国艺术的壁画、地砖和雕塑绘画，使张允贡故居在海沧众多红砖民居中别树一帜，充满了传统为体、中西合璧的特殊韵味。

这是一幢"三落、双护、大六路"的红砖古厝。古厝的门廊上方、外墙等处用的是多彩多姿的法国壁砖，大厅里更是洋味十足。厅堂的布置完全是传统的屏风、灯梁、雀替雕梁画栋，美轮美奂。地板上用的是法国花砖，而且颜色搭配拼成西洋图案，一进到里面令人感到新奇。特别是经过了百年历史之后，发现厅堂的地砖居然还是十分时尚。房梁上居然有西洋的天使、西洋传教士等独具异域风格的雕塑。

清朝末年，这里的行政区划，属漳州府海澄县三都。为了让自己的家宅多点文化气息，读书不多的张允贡在海外拼搏中深知文化的重要。因此，在建房时，他请来了漳泉一带颇有名气的文坛、画坛高手书写楹联、描绘壁画。进门处，一幅古琴图令人觉得雅意盎然。画面中一位白发苍苍的儒者，在一块磐石上弹奏古琴，人物的神态自然专注。周遭情境十分惬意，上有题字"扫石焚香弹素琴"，这也许是张允贡对自己理想家园和生活的一种期待。壁画上还有展现辽阔壮丽景观的山水风景图。认真辨识下，还能发现壁画中描绘人们出海谋生的情景。这也许是张允贡出没波涛遍览世界景物的印记。此外，还有名家挥洒在墙壁上的《兰亭序》，以及门庭内的各种题匾和楹联，整座宅第体现了浓厚的文气和极高的艺术品位。其中的一副楹联云："野鹤有奇翼，瑶草无尘根。真是韵味隽永。"

张允贡故居中，虽然有许多洋物，但古厝传统的石雕艺术、砖雕艺术、木雕艺术也发挥得淋漓尽致。这些宝贵的遗存是这幢古厝带给人们的又一惊喜，它体现在宅地的各个方面，让人目不暇接。据说，石雕当年请来了泉州最好的石雕师傅，所雕刻出来的人物、动物、花卉，无不栩栩如生。木雕中的神仙人物、神兽瑞草、花鸟虫鱼，层层镂空，真是巧夺天工，特别是一幅幅充满本土艺术气息的石雕更让人们叹为观止。地板上、墙体下部、窗户下、窗栏随处可见各式各样、五颜六色、精雕细琢的石雕。有刻成绿竹的窗栏，有精致的亭台楼阁……经过岁月的洗礼，这些依附在古建筑中的中西合璧的艺术，风华不减，鲜艳如昔。在张允贡故居，我们突然领会了一句名言："传统为体，西洋为用"，古人在建筑上的奇思妙想不能不让人赞叹。

古厝中的木雕数量之多、工艺之精巧令人惊叹，但厅堂上原来八片精美的木雕如今只剩下一片。问其原因，原来是盗贼深夜入户，把那些最精美的门肚挖走了。因为古厝实在太大，住在后落的人根本没有听到盗贼偷盗发出的响声，以致让盗贼得手。这个遗憾不禁令海沧调查组所有探访的人一阵唏嘘。

第三章　风俗习惯

第一节　民间习俗

　　海沧村历史悠久、人杰地灵，至今保留了一系列民间习俗。祈雨的习俗是在旱情严重之年，龙王庙周边村落的乡民百姓自发到龙王庙前祈雨；抬土地公的习俗是指元宵节之际，小孩子抬土地公到新婚新娘子的家门口，叫新娘子出来拜拜；中秋节送饼的习俗是当年生儿子的人家需要做中秋饼，给村里每户各送一个饼，还得连请两天的戏；龙王庙大使公生日庆典则是在农历五月十五，要举行唱戏、参拜活动。不过，海沧村最为宏大的习俗活动，则当属海沧老街油炬走境闹元宵、龙王庙进香、济津宫送王船、三都瑞青宫进香等一系列传统性的风土习俗。

海沧老街"油炬走境"闹元宵

　　元宵节是中国传统节日之一，距今已有 2000 多年的历史。我国大部分地区如今仍保留喜猜灯谜、吃元宵、燃灯赏月等活动，习

油炬走境活动

俗大体相同。而海沧老街的元宵庆典活动却别具地域色彩，民间称为"油炬走境"。

油炬走境习俗始于唐宋时期，由龙庙、后垵、洪厝和柯井的村民世代传承至今，具有顽强的生命力。如今，村落仍有专门机构负责组织这一活动。机构成员由村中男性村民担任，成员选拔须由村理事会问卜神灵而定，活动费用由村民自愿捐献。元宵节当晚，全村男女老少，全部出动，虔诚地参加油炬走境活动。不论路途长短，参与者都坚持到底，几乎没有中途离开的。

油炬走境活动是海沧民众庆祝元宵佳节的独特方式，也是中华民族传统文化的组成部分。它的目的在于消除田间虫害，扫除邪恶污秽，祈求风调雨顺、五谷丰登、六畜兴旺。这个活动也是村民进行友好沟通、合作共事的好时机。平时有磕磕碰碰的邻里，在油炬走境的准备工作和举办过程中，矛盾可以得到缓解，这对促进安定团结、建设和谐社会也起到了积极的作用。

同时，元宵油炬走境也是一个极具观赏价值的民俗活动。在漆黑的夜晚，成百上千的村民手持点燃的油炬绕着村道行进，远远看去像一条蜿蜒前行的火龙，场面十分壮观。队伍中除了手持油炬的村民之外，还有各类民间表演团体，腰鼓队、秧歌队、舞龙舞狮队等你方唱罢我登场。队伍所到之处，龙腾虎跃、锣鼓喧天、鞭炮齐鸣，热闹非凡。油炬走境开始前和结束后，这些文艺团队还会在济津宫广场上进行展示。庙前戏台上也会接连几晚上演歌仔戏，吸引大量的村民前来观看，营造浓厚的节日气氛。

最早的油炬是由甘蔗渣绑制而成，后来改成绑上浇透了生油的粗纸皮的竹竿。活动由济津宫理事会组织，每年由宫庙理事会卜杯选出主会和头家，由他们负责油炬走境的组织事宜。元宵节前几日，主会和头家就开始准备油炬走境的事宜：一是用村民捐的香火钱到龙海购买制作好的油炬分发给每家每户；二是联系腰鼓队和秧歌队，在油炬走境活动开始前和结束后在广场上进行表演；三是购买大量的礼花和爆竹，这些东西将在元宵节晚上燃放，制造浓厚的节日气氛。

晚上六点整，济津宫供奉的池王爷和哪吒大帅的神像被抬出宫，油炬走境活动开始了。人们举着燃烧着的油炬和香，跟在神像鸾轿后面。腰鼓队、锣鼓队、舞龙舞狮队等艺阵也加入其中，整个队伍排成一列长达数百米的纵队，浩浩荡荡地出发了。走境队伍绕着村里的大街小巷行进着，路边的行人纷纷驻足观看，燃烧的油炬映红了人们的笑脸。旧时，在路头尾和新街还会燃起两堆火炭，供油炬走境队伍"跳火堆"，去除晦气。燃烧后的火炭被人们用火钳捡回家去,据说可以保佑家里面饲养的六畜兴旺,俗称"饲大猪"。绕境巡游完毕后,队伍又回到了济津宫的广场上。这时,村民将早已准备好的礼花、鞭炮点燃,一时间礼花绽放、鞭炮齐鸣,古街的夜空亮如白昼,灿烂的礼花腾空而起,将古老的村庄映衬得格外亮丽。

走境的路线是固定的,从庙里出发环绕村庄一周,基本上把村里的主要道路和田间小道都走一遍,最后再回到庙里,全程有三四千米。队伍从出发到回到庙里大概要一个小时,这个时间正好是一根油炬燃烧完的时间。一些村民事先在庙前场院上铺上几挂长长的鞭炮和几大桶的焰火,等神像即将到庙时马上点燃。回庙时,鞭炮和焰火齐放,大概要燃放半个小时。一年一度的元宵油炬走境活动宣告结束。随着社会和时代的变迁,元宵节的风俗习惯早已有了较大的变化,但油炬走境至今仍是海沧古街上几个村庄的传统元宵节庆活动。

龙王庙进香

龙王庙进香是海沧村传统民俗之一。进香的目的地位于青礁岐山的慈济祖宫。每年农历正月十八,柯井、龙庙、洪厝、后垵等几个自然村的村民联合起来,将村庄供奉的神明抬到青礁慈济宫进香,场面热闹非凡。

选主会

每年进香的组织者是主会。进香的队伍从东宫进香完毕回来,首要的大事就是集中到龙王庙内,在神明面前卜筊选出第二年组织进香的主会和小头家。主会固定只有 1 位，而小头家每个生产队选出 8 名，一共 24 名。不管是主会还是小头家都必须在庙里卜筊选出，以示神明的旨意。主会和小头家负责进香活动总体的指挥工作，而宫庙理事会的老人家则负责进香过程中的安全和秩序等具体事宜。

召开会议

进香日前两天的晚上，即农历正月十六晚上，所有大小头家和理事会成员都聚集到宫庙议事，商定进香日艺阵的顺序安排等事宜。

艺阵是整个进香队伍的主力军，他们来自周边县市，是由村民自发请来答谢神明，并非由宫庙统一请的。早年间，艺阵数量较有限，但是随着近年来村庄经济的发展和百姓生活的富裕，村民答谢的艺阵越来越多，有时多达 60 队，甚至还会请来龙海、泉州的各种表演队伍。将这些队伍安插在神像辇轿前后，并维持队伍顺利行进的秩序也让人颇费脑筋。在这次会议上，与会者根据这些艺阵的形式和人数多少，确定他们在进香队伍中的排列顺序。

农历正月十八上午五点，龙王庙里的龙王大使神像就被抬至临近的困瑶村山仰社一户人家里做客。龙王大使到山仰做客这个传统源于一个古老的传说。古时候，一个山仰人捡到了一根樟木，后来就用这根木头雕成龙王大使的真身。❶ 为了不忘本源，每年进香前，村民们都将龙王大使送回这户人家做客。进香回来后，整个队伍还会绕到山仰社吃香桌，接受山仰和邻近村庄村民的朝拜。

---

❶　见《话说海沧龙王庙》，颜玉祥整理。

迎主会

上午八点，宫庙派出的腰鼓队和西乐队到主会家里将主会热热闹闹地迎接到宫庙里，以示对神明选出的主会权威的一种尊敬。

"过火"仪式

待到进香时间一到（一般为上午九点），所有人自发聚集到龙王庙前的院子里，大家翘首企盼进香前激动人心的过火仪式。据说，过火是道教借火清净去秽的一种仪式。事先在宫庙前的地板上准备一堆炭火，待到开始过火时，再往上撒大量的盐和米（据介绍，盐和米也是洁净的象征，在高温的炭火上撒上盐和米可为炭火降温），众人扛抬着神轿飞快地从炭火上踩踏过去。由于神明法力的护佑，过火的众人脚底安然无恙，甚至连水泡都不会有。闽南许多宫庙的神明起驾出宫都会举行此仪式。

进　香

过火程序结束后，进香队伍就浩浩荡荡地向东宫进发了。队伍中神像的顺序是固定的，按照哪吒、虎爷、大使、二使、三使、保生大帝的顺序排列。村民答谢的艺阵则按照之前会议安排的顺序穿插在神像中。进香来回的路线也是世代传承下来的，从龙王庙出发—洪厝—鸿江—过田—院前—东宫—北市—山仰—海沧街—柯井—后垵—回到龙王庙。出发时间是上午九点，中午十二点左右到达东宫。

进香过火仪式

回　庙

在东宫祭拜、冲辇和艺阵表演结束后，队伍就启程回庙了。晚上六点左右才能到达，回来之后还要在村庄里巡境吃香桌，接受村民们的朝拜。直到晚上九点整个进香活动才宣告结束。

近年来，村民参与进香活动的热情十分高涨，参与的人数也越来越多。难得的是，进香的路程长达 3 千米，这些随香村民从始至终都步行跟随，风雨无阻，表现出对神明的虔诚之心。

济津宫三年一度送王船

济津宫供奉的是代天巡狩池王爷。传说池王爷名梦彪,陈留人氏,文质仁心、天资聪颖、性情刚直、治军严正、用兵如神。唐高祖入关时,因助唐开国有功,授封中郎将、折冲都尉。贞观十七年(643年),随唐太宗亲征高句丽,势如破竹,又加封为宣威将军。某夜,池府王爷梦见一位瘟神,奉玉帝旨令下凡降灾、散布瘟疫。池王爷知道这件事后,便请这位瘟神到府中饮酒畅谈。瘟神畅饮之后,已有几分酒意,就吐露下凡之意,池王爷心肠慈悲,害怕百姓受灾,托言借看药粉,趁瘟神不注意时将那包瘟疫粉全部吞下。药粉进入腹中,药性发作,池王爷随即满脸变黑,两眼突出而亡。瘟神带着池王爷的灵魂参见玉帝,玉帝感念池王爷爱民救民的精神,敕封他为代天巡狩池府千岁。为了纪念这位王爷,济津宫每三年一次举行送王船仪式。2012年是大路头社三年一次的"王船年"。农历十月十二下午,大路头社供奉池王爷的济津宫举行了隆重的送王船仪式。

中午十二点,装饰一新的王船被抬出了济津宫。王船的尺寸、结构近似于真船,桅杆、船帆样样不缺,据说放入水中也一样能行驶。王船出栈后,大鼓凉伞、舞龙、西乐队等艺阵也开始在庙前广场轮流上演。到了下午一点多,王船巡境活动开始了。村民们抬着王船、池王爷的鸾轿,随香的村民紧跟其后,几十队艺阵边行进边表演,整个队伍长达数百米。巡境的路线是固定的,主要是绕着村庄的主干道走一圈。队伍所经之处吸引了大量群众驻足观看。晚上七点则是王船化吉的时间,也是整个送王船活动的最高潮。村民们抬着装满供品的王船来到海边,吉时一到便以纸钱引火,焚烧王船。海边风大,火借风势将船体吞没,不到半个小时,王船和供品便只剩灰烬,至此送王船仪式圆满结束。

济津宫送王船

送王船是闽台沿海村落的民俗活动，起于滨海渔村的海醮习俗，保留着比较浓厚的原生态形式，在海沧钟山、芸美、新垵、石塘等村庄都有传承。送王船所尊崇的王爷是代替皇帝巡游四方、赏善罚恶、保佑风调雨顺、国泰民安的保护神；活动期间的文娱表演带有浓郁的地方特色；祭祀活动的目的在于祈求国泰民安、风调雨顺，因此对社会起着安定和谐的作用。

三都瑞青宫进香与"乩童穿剑"习俗

每年农历四月是瑞青宫前往青礁慈济祖宫谒祖进香的月份，具

乩童咬住穿在脸颊上的钢钎立在轿上随香阵前行

体日期则由主祭人在神像面前三次掷筊选定。2012 年择定的进香吉日是农历四月初八。上午八点半，宫庙前广场鼓声阵阵，人头攒动，由善男信女答谢的腰鼓队、管乐队、舞龙舞狮队等进香艺阵在广场上进行展示。九点半，最扣人心弦的"穿金针"开始了。只见一名年过七旬的乩童将一根长约 2 米、直径 1 厘米左右的钢钎从脸颊穿过，整个过程并未见一滴血，

瑞青宫供奉的黑脸保生大帝

堪称神奇。据了解，这名乩童来自东宫龙湫潭，从事穿剑表演已有二十几年。"乩童穿剑"是每年农历四月初海沧三都瑞青宫进香青礁慈济东宫最大的重头戏，钢筋从脸颊穿过完全不流血。据说，钢筋拔出之后只要在"口子"上贴上神符，没过多久伤口便会愈合。

乩童穿剑表演结束后，由 64 队艺阵和保生大帝辇轿组成的进香队伍就浩浩荡荡地启程了。由于锦里村在瑞青宫修建时捐款数最多，因此进香队伍先前往锦里村，并在锦里村午餐后再前往东宫。

瑞青宫供奉的保生大帝为"黑脸"，是海沧街道唯一的一尊黑脸保生大帝像。据说，该神明个性爱憎分明，脾气也最暴躁。每年瑞青宫的进香都会吸引周边村庄的许多信众前来观看。进香队伍所到之处沿路信众设香案祭拜。进香俨然成为一项固定的民俗节庆活动。

第二节 乡土传说

　　海沧村地处交通要道，为临海地区的通衢之地，因此也保留了不少本地、来自外地的民间传说。这样的传说或基于地名演绎而成，或基于人物故事而得以传习下来，带有极为浓厚的乡土气息与最为朴素的民间信仰。这样的一批乡土传说，极大地丰富了海沧的人文气息，深刻地滋养了海沧的历史传承，时至今日依旧为世人传颂。

正月初九拜天公

　　拜天公的习俗原来只有海澄一带才有，后来在闽南地区普遍盛行。而早期的拜天公并非拜玉皇大帝，而是纪念明朝抗倭阵亡的将士。

　　据说，明朝时，有一年的春节前夕，一批倭寇侵犯月港，到处烧杀抢掠，逼得百姓春节没法过，只好背井离乡，逃到山顶避祸。戚继光率领抗倭将士前来，经过一番激战，倭寇被赶走了。但这时已经是正月初八了。百姓为了补过春节，就在初九这日杀猪宰羊，热热闹闹地过一回节。在过节这一天，百姓为了祭奠为国捐躯的将士，自发用供品祭拜，并称其为天兵天将。这个习俗久而久之就变成了"拜天公"。

拜天公

莲花洲的由来

莲花洲原是四面环河面积约 13 亩大的一块地，其中央有一块石头莲蓬，旁边是三块石莲瓣。因四面环水，因此而得名"莲花洲"。

龙庙的传说

传说在很久以前，有九条龙潜在一条江里，这条江便被称为"九龙江"。九龙江的西岸是海门，东岸是海沧。海沧以前也是一个小岛，龙庙社是由海底的龙王殿经地震演变而来。在商周时期，龙王的大儿子被姜子牙封为龙王大使。山仰讨海人在讨海时捞到一根木头，由于木头上刻有"龙王"两字，山仰人就以龙王儿子之称刻下龙王大使的神位。龙庙四面环石，庙前的石龟上有仙脚迹印。因龙王大使的神位是山仰所捡木头做成，所以当地每年龙王大使进香时队伍必须进入山仰社巡游。

五娘楼与黄公桥的传说

黄九郎出生在毛穴广，以讨海为生。有一天，他在捕鱼中意外地捞到一个石蛋，拿回家时，石蛋却有了些温度。黄九郎感到很奇怪，于是就顺手拿到鸡窝里让母鸡去孵。过了几天，那石蛋真孵出了小鸡。小鸡长成了母鸡，吃谷子下黄金蛋，吃大米下银蛋。从此，黄九郎富裕起来了。

黄九郎就在毛穴广这块风水宝地上，建成一座前面 10 间、后面 10 间、两边各 11 间，占地 3500 平方米的四方形黄宅。黄九郎的

五娘楼

夫人又为他添了一个千金,取名五娘。因此,黄九郎又建了一幢楼房,叫"五娘楼"。厝宅建完后,黄九郎想到海沧大街与公埕隔一条港,渔民出入都用小船过渡,很不方便,于是黄九郎又在海沧大街和公埕之间建一座石桥。这座桥建造很费工夫,石头大部分从坪埕运来,并用木棍"骗步"❶运到海沧,有的则是靠船只运来。桥建完后号名黄公桥,并在桥头立下石碑。

　　黄九郎为了进一步发展家业,请来风水先生看风水。风水先生建议他做一个金鸡背邱,黄九郎照做了,却不知风水先生是要来败穴。做了"金鸡背邱",金母鸡死了,黄九郎家也败了。最后,黄九郎举家迁往广东潮州,他的家产由林大鼻接管。

---

❶　骗步就是在路面铺上木棍,再用木架装置重物,利用杠杆原理移动前行的一种原始运输方式。

黄公桥桥墩

黄五娘和洪亚春比美的故事

　　黄五娘是修建黄公桥的黄九郎的女儿，生得花容月貌，婀娜多姿，和洪厝的洪亚春从小一块长大，情同亲姐妹。因为两人都长得很漂亮，谁也不服气对方。有一天，她们约定让海沧街上的路人来评定谁更美，赢者可选择自己喜爱的对象，输者必须心甘情愿地服侍赢者。深知群众心理的五娘让单纯无心机的亚春走在前面，路人看到亚春脱口而出："这个姑娘很美！"接着，看到走在后面的五娘情不自禁地说："这个更美！"于是，五娘赢得了这场比赛，认命的亚春心悦诚服地当五娘的侍女。

芦塘、莲塘和古塘地名由来

芦塘地处青礁村，以前叫侯塘，后来演变为芦塘。传说，南宋末代皇帝被忽必烈所迫逃到海沧青礁，众位诸侯进驻之地，所以称侯塘。

莲塘是由莲花洲的名称演变而来，在越南经商的陈炳猷回来后在莲花洲建下别墅，称"莲塘别墅"，也称"莲塘社"。古塘也是陈炳猷所建，地处海沧的洪厝，现在还有两落房屋保存完好。

海沧马庵（瑞青宫）的传说

传说，马庵的原址在海沧街道办公楼的后面。现在的马庵是当年占海沧一半以上人口马家人的祖墓地，称"马坑"。当时，马家的人觉得马坑这个地址是个风水宝地，所以就把马庵迁到马坑了。马家在原马庵的地址上又建了一个很大的祖墓。传说，从此以后，马家就开始衰败，到目前海沧姓马的只有几户人家。

马庵搬过来后就开始兴旺起来，三都地区的人都会来拜，在道光二十三年（1843 年）、光绪十八年（1892 年）重修过。

1953 年，政府拆了大路头的王爷庵（供奉黑脸王爷）、大街朝元宫王爷庵（供奉红脸王爷）、横街隆兴宫（奉仰保生大帝）建小学。1984 年，一位姓郭的中国台湾人出资重建大街朝元宫。

乐善好施坊的传说

海沧中学旧址前原有一座乐善好施坊，是朝廷表彰陈炳煌祖母林氏教子有方、慈善赈灾而立的。牌坊建成时，海沧大道公进香队伍原本要从牌坊下穿过去，但是抬大道公神龛的四个人，无论如何都抬不过去（传说因牌坊是表旌女性，大道公不肯从下经过）。拜上帝的人不信，说是信佛之人故弄玄虚，神轿是木做的，很轻，哪能有抬不过去之理？于是，信上帝的人挑了五六名身强力壮的汉子来抬，但仍抬不过去，然后才相信了。后来每次大道公进香都从贞节牌坊旁边开一条路绕过去。

乞丐营的传说

旧时海沧有很多乞丐，他们分为前营和后营两大帮派。前营乞丐的袋子有两条带子，后营有四条带子。乞丐人多势众，经常给百姓造成极大的骚扰。有一天，洪厝的一户人家嫁女儿，由于没有照例煮汤圆给乞丐吃，结果中午家里准备宴客的时候，一大帮乞丐聚集到他家，把酒席的座位全部占满了。

第三节　特色物产

海沧村的特色物产实际上绝对不是海沧村所独有的，但是却可以说是海沧村最擅长、最拿手的技术绝活，具有深刻的民间技艺与浓厚的乡土情怀，构建起了海沧村历史传承的核心脉搏，成了海沧村引以为自豪的特色物产。

糖　葱

糖葱又名白糖葱，用糖制成，颜色呈乳白色，含有细致的纹路，颜色形状有如大葱一般，因此而得名。在海沧大街 21 号，一位名叫黄训的老人曾经制作并出售糖葱，许多村民买去作为逢年过节祭拜神灵的供品。现在老人家已经多年不做，制作糖葱的技术正逐渐失传。

据说糖葱是 20 世纪四五十年代我国台湾农业社会的零食甜点。相传在日本殖民统治时期，日本政府禁止台湾人食用蔗糖，并计划将我国台湾生产的蔗糖运回日本，于是台湾人利用糖的特性，进而改变糖的外观而形成现在的糖葱。

糖葱的制作方法：白砂糖加入等比例的水混合后，将糖水煮沸至 120º 使它成为糖浆；准备一个装好冷水的锅子，将煮好的糖浆倒入，使糖浆冷却形成糖膏；以一根长约 1 尺的圆棍将糖膏以拉面条一样的方式反复拉扯 10 分钟，使糖膏内充满空气进而形成细管状，然后等待它冷却；将制作完成的糖膏分剪成长约 3 寸的长条状，最后掺入花生粉即完成。糖葱咀嚼起来清脆香甜，又不粘牙，口感很好。

糖　葱

土笋冻

闽南语歌曲中有一首叫《哇，土笋冻》："土笋冻呀土笋冻，最最好吃真正Q，天脚（底）下，笼（全）都真稀罕，独独咱家乡出这项……酸醋芥末芫荽香，鸡鸭鱼肉阮（我）都无稀罕，特别爱咱家乡土笋冻，哇，哇，想做土笋冻。"土笋冻是闽南最独特的美食，也是著名的"海沧三宝"——土笋冻、土龙汤、白灼章鱼之一。许多人慕名来到海沧就是为了品尝一下正宗的土笋冻。

20世纪30年代，龙庙社的颜水连、颜文仁就在做土笋冻，人称"土笋颜""土笋仁"。当时没有冰箱，只能在夜晚把熬好的土笋汤放在屋顶上"吃露水"，汤才能冷却形成冻。颜水连主要在海沧老

土笋冻

街上销售，颜文仁在龙海石码、角美销售。到 20 世纪 60 年代，渐渐年老的他们就不再制作土笋冻了。

现在海沧老街有三家"老牌土笋冻"作坊，同属于一个家族传承，目前已传了三代。海沧老街陈氏土笋冻制作技艺的传承谱系如下。

陈林（第一代）——陈清德、颜美娥、陈清合、谢锦治（第二代）——陈文虎、陈文龙、陈文成、陈金珠（第三代）。祖父陈林，人称秃伯，下传两个儿子：老大陈清德，老二陈清合。陈清德的儿子陈文虎和陈清合的儿子陈文龙、陈文成及女儿陈金珠一起，堂兄妹四人合力撑起"海沧土笋冻"响当当的名号。据了解，现在已传眰第四代。这三家在海沧老街"三角鼎立"的老店不请小工，都遵循了一个模式：男主外，行船送货；女主内，夫人和小妹负责店面经营。

以前，海沧一带的滩涂上盛产土笋，温厝、青礁等靠海村庄的村民经常到滩涂上挖土笋。随着西海域的整治，现在海沧的滩涂上出产的土笋虫少之又少，土笋冻作坊的土笋原料大多是从安海买来的。土笋经过去杂质、去内脏，仔细地用清水漂至水清透，才能加水进行熬煮。在熬煮的过程中，要特别注意火候，什么样的土笋要用什么样的火，以及熬煮多长时间，这都是大有讲究的。土笋汤熬好后，就可以盛起来，装入大小杯中，在 4℃~5℃时便可结成土笋冻了。

俗话说"酒香不怕巷子深"，虽然三家老店开在逼仄的海沧老街上，但是厦门岛内的一些大酒店为求正宗，宁愿舍近求远来这里选购土笋冻。2015 年，海沧区公布了第一批区级非物质文化遗产代表性传承人，其中土笋冻制作技艺传人陈文成、陈伟旭名列其中。

土笋冻制作传承人陈文成外号土笋伯，小学毕业，从小帮家里打下手，16 岁开始在海沧大街摆摊卖土笋冻。22 岁结婚后，父亲陈清合便把土笋的制作技艺传授于他。陈文成从事土笋行业已有 30 年，因为从小就卖土笋冻，街上大人小孩都喜欢在其摊位上边吃边谈天说笑，久了便得了个亲切的称呼"土笋伯"。现在他已将"土笋伯"注册商标。他的主要技艺特点是遵循父亲传承的古早技艺，选取新鲜土笋，手工清洗、手工制作，不用石碾等任何器具，绝不添加任何不良添加剂。他制作出来的土笋冻没有破坏土笋的组织，保护了原有的胶质，口感更加有弹性、肉质香脆、汤汁鲜甜美味。他家传承的酱料配方更是一绝，有芝麻酱、芥末酱、蒜蓉酱和特制酸萝卜，一直都深受顾客喜爱。

土笋冻制作传承人陈伟旭还记得父亲挑着扁担在街头巷尾四处叫卖土笋冻的场景。他从小就受爷爷陈清合及父亲陈文龙的影响和熏陶，长大后立志要继承土笋冻制作技艺。

陈伟旭结婚后，父亲和姑姑便把他们身上的制作工艺传给他，同时也传授了海沧老牌土笋冻的宗旨——用上好的食材专心做土笋冻。2014 年 4 月初，初生牛犊不怕虎的陈伟旭，参加了第一届海沧美食节，他精心制作的土笋冻荣获海沧本土十佳名小吃。这给了他更大的决心和动力做好技艺的传承，并发扬光大。

在学习土笋冻制作技艺期间，陈伟旭秉承祖训——"用上好的食材专心做土笋冻"，一直沿用古早的烹调手艺，结合全新的包装，以全新的面貌展现土笋冻。他严格选取上等新鲜的星虫，通过挑、洗、煮等几个步骤纯手工制作。他传承的酱料有蒜蓉、酱油、芝麻甜辣酱、芥末、小米椒酱、花生酱和特制酸萝卜，这些丰富的酱料让他家的土笋冻更具独特的风味。

粉　粿

粉　粿

粉粿是闽南地区的风味小吃。

制作步骤：第一步，将地瓜粉与冷开水拌匀至地瓜粉无颗粒状，成为地瓜粉浆。第二步，将刚烧开的热开水冲入调好的地瓜粉浆内，一边冲入一边搅拌至呈透明糊状。第三步，趁热把透明糊状倒入抹油的长四方皿中，表面抹平，待冷却即为粉粿。冷却的粉粿置冰箱冷藏后口感更佳。夏天食用冰凉爽口，特别是没有胃口的病人吃了很舒服。上述制作土笋冻的村民颜水连也会制作粉粿，人称"粉粿连"。

簸　箕

簸箕等竹编用具是海沧农村家庭生活的必备之物，因为这里讨小海的人多，竹编农具小巧轻便，结实耐用，深受百姓喜爱。簸箕的优点是窝深、掌平，不撒粮食和簸物，掌平利于播出杂物，不留残渣，使用方便。在海沧新街尾的林瑞仁从小就开始学习制作簸箕，多年下来，积累了丰富经验。他制作的簸箕种类

簸 箕

繁多，用途广泛，制作的工具有刀、锤、尺、钳。第一步，要根据簸箕的大小，来制作竹条，竹条的厚度根据簸箕的大小而定；第二步，用竹条打底，打成十字架形状；第三步，编成圆弧形，形状固定，切齐、收尾。制作簸箕需要阴湿、避阳光、不见风的环境。

膏 药

膏药是中药外用的一种，古称"薄贴"，用植物油或动物油加药熬成胶状物质，涂在布、纸或皮的一面，可以较长时间地贴在患处，主要用来治疗疮疖、消肿痛等。早在久远的年代，我国医学家就有言曰："膏药能治病，无殊汤药，用之得法，其响立应。"在海沧新街西头山下，有一位姓陈的民间医生，他擅长

膏 药

制作各种膏药，人称"膏药陈"。据说"膏药陈"制作膏药需要用到鸡骨头，因为鸡骨头有活血化瘀的功效。因此，每次制作膏药都要杀鸡取鸡骨，并把鸡骨埋在地下，过一段时间取出来当原料。他制作的膏药疗效好，特别是福荫"疗膏仔"是用秘方研制，治疗效果很好。

第四章　华侨乡愁

第一节　历尽沧桑的海沧三都
华侨联谊会

　　在海沧老街上，有一座外表看起来已经显得老旧的楼房。这座楼房上用泥塑了一行字"海沧三都华侨联谊会"，还标明了修建的日期"一九九二年冬"。三都华侨联谊会有悠久的历史，原名"三都联络局"，是海外华侨难以释怀乡愁而成立的一个民间组织。它设立在海沧老街上，有特殊的意义。"风土海沧"民俗调查组为了了解其中的渊源，经过多方寻访，终于揭开了海沧三都华侨联谊会的前世今生。

从槟城到海沧

　　清朝末年，闽南沿海一带时局动荡不安，盗匪猖獗。光绪五年（1879 年），海沧的海外游子在马来西亚槟城的邱、谢、杨三个公司组成了"三魁堂"，将一些经营和租赁获得的资金寄回老家海沧，资

三都侨会

　　助当时由民间为防止匪盗而自发组织的护村队，保护家乡，实际上是为了保护侨乡的安宁。据了解，海外的三魁堂至今仍然存在，由每个公司轮流管理三年。实际上，三魁堂依托于一个代表性更广泛的华侨团体——槟榔屿三都联络局。槟榔屿三都联络局是光绪十年（1884年）由当时的漳州海澄县内8个社（村）所组成，海外的槟榔屿于光绪十四年（1888年）成立分局。

　　但有些研究者在三都联络局成立的时间上有不同意见。有人认为三都联络局创立于清咸丰二年（1852年）。当时，因政局动荡，民不聊生，厦门岛内许多居民跨海到海沧避难，海沧乡绅发起捐助难民活动，但由于本地财力有限，求助于马来西亚槟城的谢、邱、杨三家公司，因为其祖籍地分别是石塘、新垵和霞阳。这几个华侨团体获悉后，马上联络槟城乡亲，成立筹捐组，并且向旅居东南亚各地的海沧侨胞通报情况，得到广大华侨的广泛响应，所得捐款陆续寄回海沧 。还有资料显示，清朝举人陈炳煌曾经将海沧始建于明代的沧江书院改为沧江小学，彭冲当年就在这个学校教过书。这个学校当时得到马来西亚槟城三都联络局长期资助，可见三都联络局不仅助难而且助学。

后来，局势有所缓和，难民返回厦门，但是海外捐款仍在继续，槟城筹捐组于是派人回到海沧，检查救济款的使用情况，并与海沧乡亲商定，将临时机构筹捐组改组为正式社团。由于当时海沧属海澄县三都，故成立时命名为"三都联络局"。总局设立在槟城，海沧为分局，分局会址在沧江小学里，并且将华侨捐献余款在槟城购置总局会址，在厦门燕巢街（今镇邦路）、鱼仔市（今第八市场头）及海沧购买了鱼池、果林，还拿出了一部分资金维修海沧沧江小学校舍和八卦楼。

显然，海内外学者的研究发现有较大的出入，主要的差异在于成立的时间和总局分局所在地的差异上。槟城的学者认为成立于1896 年，总局在中国国内的海沧，槟榔屿的分局是 1900 年成立的；而中国国内的学者认为联络局成立时间更早，是 1852 年，总局在槟榔屿，分局在中国国内的海沧。但是，两者皆认为在中国国内的三都联络局先行建立，而且它的主要功能就是为了救危扶困，保卫家乡。不过，槟城的三都联络局一直是以 1881 年的成立年限来举行周年庆典。

三都联络局的成立时间并不影响它曾经的历史贡献 。它见证了海外与海沧的密切联系和守望相助的血脉亲情。

坎坷的历史延伸

据当代学者刘朝晖先生研究，海沧三都联络局在 1941 年之后，由于南洋各地被日军占领，海外与海沧之间的联络中断。1945 年，第二次世界大战结束后，该局曾一度恢复联系和活动。中华人民共和国成立前，海沧三都联络局的活动主要由新江邱姓负责。1949 年，由于遭遇帝国主义势力的全面封锁，新兴的中华人民共和国被迫再次中断与海外华侨华人的联系。海沧的三都联络局与槟城三都联络局的联系再次中断。

1949 年，海沧三都联络局的第一届董事长是邱尘兢，副董事长林马地。此外，还有陈其纯、温崇祺、林莲英、谢打锡和林和音 5 位理事。他们一直负责管理分局的房产。当时分局有 5 幢房产，位于海沧镇的 90 号、92 号、96 号、104 号、108 号，委托市房地产局代收租金，所收租金尽用于海沧地区的文教、卫生等公益福利事业。但在 20 世纪 50 年代初期，三都联络局海沧分局的所属房产、鱼池、果林全部被征收。

1957 年，人民政府根据国务院侨务政策的有关规定，将房产退还给海沧三都联络局，后者将房产委托厦门市房管部门和海沧公社代管，所收房租用于公益事业。据记载，1957 年海沧三都联络局曾出资在距三都联络局仅数百米之遥的海沧中学开设一个侨生班，但不久就停办了。1965 年，三都联络分局中断活动。"文化大革命"期间，三都联络分局完全停止了活动。一直到 20 世纪 80 年代初期，三都联络分局才又开始准备恢复活动。

1984 年 8 月，经有关部门批准，海沧三都联络局恢复活动，更名为"海沧华侨三都联络局"，并试图与槟城恢复接触。1989 年 1 月，选举产生第四届董事会。董事长为谢打锡，副董事长为邱杨达、温崇祺（兼会计），董事会监委有杨允学、林中鸿，董事成员有邱仙助、邱跃土、杨允源、蔡亚森、温崇海、张燕能（兼出纳）、廖淑女、谢丕西等。1992 年，三都联络分局在集美区民政局等登记为"集美区海沧镇三都华侨联谊会"。前文提到的 1992 年冬建的那座楼房就是当时联谊会成立时再次修整的。据了解，这个机构现称为厦门海沧区海沧镇三都联络局。

不泯的亲情和乡愁

据现任海沧三都联络局的董事长陈新赐回忆，三都联络局直到 20 世纪 80 年代末才正式与南洋总局恢复联系，其间颇费周折。据介绍，大约在 20 世纪 80 年代后期，海沧镇锦里村一个叫温振祥（槟城三都联络局第二届董事会的董事长）的华侨回国省亲，临走时，他偶然提起三都联络局的事情，说为什么没有请他到海沧三都联络局去看看。他还提及槟城的三都联络局还在活动，却不知道这里的联络局情况怎样。从温振祥的言谈中，海沧三都联络局获悉槟城的三都联络局不仅仍然存在，而且还希望与故土的分局恢复联系。

2000 年 6 月，槟城林姓"九龙堂"11 个人组成的旅游团回到厦门，其中包括两名槟城三都联络局的董事。陈新赐知道这个情况以后，就主动到机场去迎接他们。这两位董事很高兴，第二天就回到了林姓在海沧的祖居地吴冠和锦里拜祖，双方召开座谈会。在会上，槟城三都联络局的董事邀请陈新赐在方便的时候到槟城访问。2001 年 3 月 31 日，海沧三都联络局组织其董事会的成员 11 人经过香港特别行政区，到了槟城，三都联络局总局 30 多人到机场迎接，包括在槟城的三个姓氏的代表访问团在槟城停留了两个晚上一个白天，宾主尽欢。

　　两地的三都联络局风雨坎坷地走到了今天，都面临历史的转型。客观来说，它们都正在走向衰微，已难回到当年的峥嵘岁月，也难发挥承担起两地宗亲的联谊和守望相助的作用。作为一个超越姓氏的区域性民间社团，它存在和发展的社会基础已经发生巨大的变化。在槟城，各姓氏共同秉承的乡愁由于他们的后代落地生根的认同也发生了变化。可见，在新的历史时期，国内外的民间社团都要努力寻求和建立新的通行机制，以适应社会的变迁。❶

第二节　侨批：沉淀的海沧华侨文化

　　海沧老街早在 20 世纪初就设立了邮局，位置就在老街中段，虽然只是个小铺面，却是牵系着海沧与海外的窗口。邮局的主要功能除了一般民间邮政业务，更主要的是分发侨批，让海沧的侨眷兑取现款。中华人民共和国成立后不久，邮局搬迁，铺面经营面积扩大，办理侨批业务一直持续到 20 世纪 70 年代，但邮局地址稳定延续至今。从文化角度来说，海沧老街上的邮局意义不凡，因为它作为侨批的收发点，和一段世界文化记忆息息相关。2013 年 6 月 19 日，"侨批档案"被列入世界记忆名录，这是福建省首个入选世界文献遗产的项目。海沧是历史上侨批文化的重镇，以其特殊的地理人文因素，成为厦门侨批最为丰富的地区之一。追寻侨批文化史迹，探寻掩藏民间的侨批文化遗存，窥探其广博多彩的人文记忆，是从海沧邮局延伸出来的民俗文化的又一亮点。

---

❶　本文据林玉婷提供的刘朝晖《超越乡土社会》整理。

字里行间：再现历史信息

2013年4月23日，《福建日报》提到，60多岁的新加坡宗乡联合总会学术委员会主任柯木林是最早研究侨批的专家之一。20世纪五六十年代，还在念小学的他常常跟着父亲去一个叫批局的地方，为生活在厦门海沧的姑姑汇款，并附上一封信。侨批是他们联系中

老街上的邮局

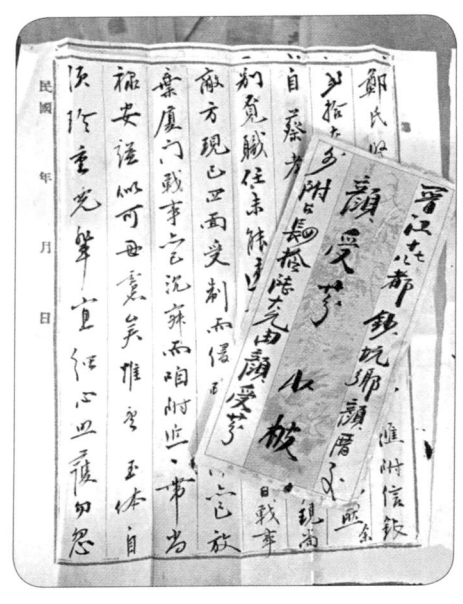

侨　批

国亲人感情的纽带。大学毕业开始，他就投身于侨批的研究。他说，侨批让他在个人感情上、在华侨的身份认同上，找到了归属感。而对海沧老街侨批文化颇有了解的陈耿明先生告诉我们，他的奶奶邱韵香原是我国台湾嘉义人，甲午战争之后不愿做日本顺民，回到海沧，嫁入霞阳的华侨家庭，经常到海沧老街办理侨批事宜，所以他对老街的邮局印象深刻。侨批是海外华侨以"信款"合一的形式寄回故里的家书。这些侨批寄托了寄信人的真实情感，反映了当时的社会、经济、文化和时局等背景，堪称微缩的历史，弥久而珍贵。

陈耿明先生说，海沧自古就是得风气之先的通商口岸，官方邮局诞生之前，民间信局（天一批郊等）经营的侨批早已登陆漳州和厦门，在海沧的马銮设有分支机构，在海沧老街也有办事点。那时，有专门从事分发侨批的工作人员，被称为"走水"。他们时常坐船到天一总局收取海沧老街一地居民的侨批回来分发，他们的住宅还曾经成为当年侨批分发点。

海沧老街的居民陈先生是一位侨眷，展示了一封1889年从马尼拉（信中称"珉地"）寄到厦门的侨批。信中说"弟自二月望日至厦即泛火船发轫，越十八日叨荷福庇顺抵珉地"。这封侨批内有丰富的信息：1889 年，往来厦门和马尼拉之间的交通工具已用上"火船"（又称火烟船，即蒸汽轮船），行程三天（二月十五至二月十八）。顺信寄了四块大洋告知平安。现在海沧的古民居中仍然留存了火烟轮的图画和雕塑。

历史上，海沧华侨具有较先进的思想意识，许多华侨鼎力支持辛亥革命。侨批中还可以发现一些特有的现象：1925 年孙中山先生逝世后的几年中，一些侨批的外封上印有孙中山遗嘱"革命尚未成功，同志仍须努力"并附有孙中山的肖像。可见，当时华侨对革命先行者的崇敬和怀念。

信里信外：牵系百姓家中事

通过侨批实物，可以看到当时海外华侨的经济状态和他们心中的悲欢。《厦门志》曾经指出，当年海外华侨"富者贩海或得捆载而归，贫者为佣亦搏升斗自给"。也就是说，有的人在下南洋的奋斗中经济上有成就，有的到南洋只受人雇佣，虽然不得意，但基本上可以做到自给自足。

一封清代末年"送至海沧柯井社"的侨批上有"外附上国币洋银三万元正"等字样。信里与亲人细致地商量着盖大厝事宜，飞黄腾达的喜悦一望而知；1934 年"送至三都中街角"的侨批却是满纸辛酸，亲人在仰光找不到工作，长辈希望他回家种田。几家欢喜几家愁的现象比比皆是。然而，不论有钱没钱，在海外拼搏的华侨们都会定期往家中寄侨批，报平安。虽然贫富有殊，但对亲人、家乡的牵挂都是一样的。

1937 年之后，时局动荡不安，海外华侨对祖地充满牵挂，对时局的变化更加关注和敏感。这在侨批中体现得十分生动。有一封儿子从新加坡寄给"三都"父母的侨批中慷慨陈词"为国家效力必以尽国民之分子也，夫论男子之志视死如归，战事何必怕耶"，至今读来感人。寄信人还愤慨地写道"不愿见祖宗庐墓为外人所侵入"。更为难得的是，这位海外侨胞洞察当时世界局势"现今之际不只中日开战，第二次世界大战在眼前耳"，充满了对国事、家事的关切。

虽遭战乱：侨批也讲信用

海沧著名侨商很多，许多眷属就住在海沧老街上。先民出洋创业历史悠久，人数众多。海沧有一种特殊现象：男性青壮年大多在海外拼搏，家里只剩下妇女、老人和孩子。历史上，海沧老街上的华侨眷属几乎每户都有侨批收入。

战乱也没能中断侨批，一封抗战时期由印度尼西亚寄往海沧的侨批，其信封上可看到很特殊的收信地址的书写方式：明明是寄到海沧的信件，却写着"鼓浪屿过水，海澄三都，邱师仰先生收"。为什么要写鼓浪屿过水呢，因为这封侨批寄出时的1939年9月，厦门已被日寇占领。日军占领厦门后，厦门岛上的所有的侨批业全部瘫痪，许多侨批业者转移到鼓浪屿经营。当时，鼓浪屿属公共租界，由列强共同管理。即使在这种情况下，日寇也很强势，它对寄达鼓浪屿的侨批还要层层刁难和审查，最后才盖上三角形的蓝色邮戳放行，这个过程需要很长的时间。因此，这封侨批于1939年9月寄出，到达侨眷手中时是1940年11月，已过了一年两个月。侨批研究专家卢志明先生说，正常情况下侨批一周就能寄到，这封侨批走了一年多。

"批若到，钱也到"，大部分侨眷靠侨批的汇款维持生计。侨批中断、滞留，使侨眷的生活苦不堪言。不过，从另外一方面看，战乱中一封侨批一年两个月后还能送到，足见侨批业者的信用。

第三节　人物专访

经历丰富的老村长——颜玉祥

"我这辈子啊，工农商学兵几乎都干过，可惜到最后都半途而废了。"坐在冷气充足的客厅里，老村长颜玉祥慢慢地点燃一支烟，向调查组讲述了他70年丰富多彩的人生经历。

我出生于1945年，正值抗日战争结束。当时，家里经济比较困难。在解放战争爆发的时候，我父亲颜文仁去当解放军的船工，当时同行的许多人在战争中阵亡，我父亲九死一生，在战斗胜利后回到村庄，后来政府送来100斤大米作为报酬。我还记得当时兵荒马乱，我一个小孩子躺在家门口的石板凳上乘凉，听见祖母和邻居在商量："要打仗了，小孩子怎么办呢？""没办法，只能把男孩子带走，女孩子留下！"父亲不在家，祖母就背着我带着一家人逃难到白礁、角美等地。等形势基本稳定了，我们才回到家里。回来之后，我看见已经有很多解放军驻扎在村里。我们家的老房子也住了一些兵，他们正在里面烧饭。有个炊事员见我一直盯着烧饭的锅，知道我是饿了，就拿了一大片厚厚的锅巴给我吃。我至今还记得那锅巴的味道，又焦、又香、又脆。

1958年，我从沧江小学毕业，转入海澄中学读中学。就在高三年下学期还没开始的时候（1964年春节前），村里正在冬季征兵，我们一共 7 个年轻人去应征，只有我一个人各方面都合格。祖母舍不得我走，但是当年春节，我还是毅然决然地到 6614 部队的福州运输团参军了。在新兵连训练的时候，有一次我在大澡堂里洗澡感染了皮肤病。当时，在军区医院里治疗好久都不见好，后来就干脆回老家用草药治疗，没想到慢慢就痊愈了。病好了之后，祖母还是不同意我回福州的部队。当时，海沧的武装部长说："如果你不回福州当兵，那就在这边工作。"

1964 年 10 月，经过两个月的集训，我被分配到岛内五通。当时，工作队员们都是省里从农村抽调的十八九岁的年轻人。按照规定，我们工作队必须与当地群众"三共同"——同吃、同住、同劳动。在五通的时候，我们住在岗哨里，吃的是地瓜渣，每个月至少要参加十天的劳动。工作队的组织管理很严格，不允许队员在老百姓面前吃点心。我记得有一次跟当地老百姓一起出门运蔬菜到蔬菜公司收购，任务完成后一路走回江头，每个人都又饿又累，老百姓都跑去吃点心休息，而我们工作队的队员只能在外面路边干站着。

除日常劳动之外，我们既要搞宣传，还要查当地生产队、大队干部、财务干部有无贪污，工作很多。我在五通参加完一期工作后，就被留队了。之后，我又被调到乌石埔。后来，我又被调回五通小学。满打满算，我一共在五通待了一年零一个月。

1966 年，我被调到杏林内林大队，接着"文化大革命"开始。我到东孚担任"文化大革命"运动观察员。

1978 年，我回到海沧公社海沧大队担任建筑队长，此外还兼任调解主任。由于海沧大队的调解工作完成得很出色，1982 年 3 月 8 日，我代表海沧大队参加福建省召开的首届司法行政双先表彰大会，海沧大队获得先进集体称号。郊区人民法院成立后，由于人手不够，我被聘为法庭书记员。

　　1984年，我担任海沧村村主任。当时，村里共成立了18个村办企业，解决了闲散劳力的就业问题，也增加了村民的收入。海沧村的生活水平超过周边其他村庄。

　　1988年，我辞掉村里的工作下海经商，到上海去做石材生意，主要是把海沧的石材运输到上海销售。由于应酬多喝酒多，我的身体扛不住就回来了。1999年，村里派我主持计划生育工作，直到2005年我才正式退休回家。

　　辛苦操劳了一辈子，家里人都劝我好好休息，但是我总是闲不住，想发挥自己的余热，也为村民做一些事。村里的菜市场需要管理员，我就自告奋勇去了，去年村里面开始启动"美丽海沧，共同缔造"，聘请我当乡贤理事会的秘书长。现在，我隔两天就要在菜市场值一个夜班，上午在菜市场巡逻，下午再回家补觉，偶尔跟乡贤理事会的同仁们一块去做做村民的思想工作，调解一下纠纷，每天的日子都过得很充实。

妙手仁心的九旬先生嬷——荫姑婆

　　"先生嬷"是闽南地区对专门给小孩子看病的农村妇女的敬称。早年间，农村卫生条件较差，老百姓的生活普遍也不富裕，小孩子有个头疼脑热的一般不上医院，而是抱到先生嬷的家里，让她瞧病给药。先生嬷的收费较低，一般人家都承受得起。

　　调查组采访的这位先生嬷，人称"荫姑婆"，今年已经90多岁了，独自居住在张氏家庙后面的老房子里。来她家采访之前，调查组先让村里跟她打了个招呼。可是不料，当调查组来到老房子找她时，却发现房门紧闭，而且上了锁，很明显荫姑婆出门了。当调查组正准备打道回府的时候，却发现路边有个老人家提了个袋子急匆匆地往前走，定睛一看，老人家正是荫姑婆。她说上午村里面已经向她交代了下午调查组来采访的事，只是临时接到人家电话请她过去看病，所以她不得不出门一趟。调查组一开始想用车送她回家，她执意不肯，而是坚持要走回家。调查组只好跟她一起，边走边采访。

90多岁的荫姑婆走起路来一点也不比年轻人慢，说话时思路也非常清晰，双目炯炯有神，完全没有老态龙钟的样子。虽然岁月在她脸上留下了沧桑的痕迹，但是看得出来，年轻的时候她长得一定很漂亮。荫姑婆说她的手艺是母亲传下来的，母亲也很长寿，活到了94岁。母亲心地很善良，给穷人家看病经常不收钱。在母亲身边常年耳濡目染，自己也学会了这项技艺，从正式给人治病到现在，也有60多年了。当年在生产队的时候，白天在队里干农活，晚上还要给人看病。晚上家里经常挤满了来看病的人，从下午五点多看到晚上九点多都是常事。荫姑婆也跟母亲一样，凭着良心给人家治病，如果碰到确实贫困的家庭，她不收人家一分钱，还免费提供治病的药。以前港口建设的时候，很多外地人来打工，他们的孩子生了病都抱来给荫姑婆诊治。因为他们知道，即使自己口袋空空抱着孩子来到这里，这位好心的婆婆也会帮孩子看病，而不会像其他诊所那样把他们狠心地赶走。

虽然这几年医学发达了，农村人的生活也改善不少，小孩子生病一般都会带到正规医院看，但是荫姑婆还是那么忙碌。她说几乎每天都有人来家里找她看病。近到隔壁的村庄，远到角美，甚至安溪、晋江都有人带着孩子来找她。

说到给人治病的药方，荫姑婆说当年母亲都是用青草药给人治病，但是现在田里的青草药一般都会被喷过农药，不能再用了，她现在用的都是自己配制的药粉，必要的时候用手推拿。

正当调查组在采访的时候，从青礁来的一对祖孙俩走了进来，小女孩捧着肚子不住地呻吟着。她奶奶说孩子肚子胀了好几天，吃药也不见好，就带来看看。荫姑婆了解完病情，就开始给孩子推拿。

荫姑婆有三个儿子，都住在村里。儿孙们都很孝顺，但是她说她一直不想从老房子里搬出去住，因为怕有人来老房子找她看病。说到手艺传承的事，荫姑婆也十分遗憾，因为现在还没有人继承她的手艺。这种治病的技术又是需要长时间耳濡目染，沉下心来，花上多年的工夫才能上手。

酱油制作达人——张全朝

听村里人介绍，海沧村还有一个酱油制作的高手，名叫张全朝。在村里人的指引下，调查组找到了张阿伯的家。刚推开门，就看见了一个干净的院子。只见每一块地板都被擦得油光可鉴，一排排酱油发酵缸整整齐齐地排列在房前屋后的空地上。目之所及可以用一尘不染来形容。张阿伯边出来迎接边介绍，房子都是他老伴打扫的，老伴原本就十分爱干净，加上是食品行业，卫生条件很重要，老伴更是每天都要拖好几次地板，连酱油缸都要擦好几遍才算数。

张阿伯在 20 世纪 80 年代承包了海沧供销社的酱油厂。刚开始的时候，他还请到了厦门大同酱油厂的师傅来传授技术。由于做出来的酱油质量很好，每天能出售约 1000 瓶酱油，供应到厦门市区三间大批发部共 483 间门市。除此之外，厦门郊区、漳州角美还有许多店家前来进货。

　　张阿伯介绍酱油制作的工艺包括蒸豆、发酵、酿制、出油、暴晒等步骤。第一步是蒸豆，将酿制酱油的黄豆放入水中浸泡肥大。浸水时，把黄豆放进木桶或缸内，加清水1倍，通常浸1小时。然后把它倒进箩筐内，排掉水分，置于蒸桶里。水开后，蒸煮4~6小时即可。第二步是发酵，待蒸熟的黄豆冷却后，把它摊铺于竹篱上，送进室内发酵。经过发酵的黄豆，当表面出现黄绿色的曲霉和酵母菌时取出，倒入木桶或缸内，加清水并搅拌，使其吸足水分，把余水倒掉后，装入竹篓内，上面加盖棉布，继续发酵。第三步是酿制，将经过发酵的黄豆装入木桶酿制（酿制用的木桶或缸，其上面要能密封，底层应设有出油眼）。具体操作：装一层黄豆，撒一层食盐，泼一次清水，这样交替地装进桶内或缸内，最上层为食盐。然后盖上桶盖或缸盖，并用牛皮纸封好。第四步是出油，经过3个月酿制后，把出油眼的木塞拔掉，套上用尼龙丝织成的罗网进行过滤。接着将盐水冲进桶或缸内，从出油眼流出的即为酱油。第五步是曝晒，将酱油用缸装好，置于阳光下曝晒10~20天即可。

　　张阿伯是个聪明人，很有经营头脑，他承包酱油厂的十几年里，厂里的效益非常好。除了制作酱油之外，他还善于开发新产品。他从晋江请来一位师傅专门做腌菜，如咸菜、笋菜等。这些腌菜类产品也受到顾客的一致欢迎。后来由于年纪大了，身体吃不消，张阿伯决定不承包酱油厂了，但是在家里又闲不住，于是夫妻二人就改做少量的辣椒酱供应附近的土笋冻作坊、小饮食店等。他们做出的辣椒酱真材实料、味道正宗，附近知道的人家都直接跑到他家订购。每年到了本地辣椒收货的季节，张阿伯都要收购几万斤回来保存，这样一年四季都可以制作辣椒酱了。和酱油一样，制作一批辣椒酱的时间也要3个月以上才能完成。

　　张阿伯对待自己制作的每一瓶酱油、每一瓶辣椒酱都非常认真。从原料收购、清洗、制作，到包装，每一个环节他都严把卫生关、质量关。这从他家擦拭得干干净净的各种制作工具就看得出来。这也许就是他家的产品受到大家欢迎的原因吧。

后 记

　　山川之毓秀，古来共谈；时代之沧桑，贤愚皆惊。如今的我们，也正处在一个大变革的时代。这一时代，既是中国不断走向城市化，走向和平崛起的一个时代；同时也是我们的思想观念或者文化意识不断进行更新，且探索新的存在价值的一个时代。历史的发展是不断向前的，但是我们却不得不去回顾历史的曲折，不得不依托于我们的根源意识，尝试着由此而发掘出激励我们更为合理地向前、更为顺畅地向前的历史文化资源。

　　乡村曾经是中国的原生态的典范，乡土意识曾经是中国人的根源意识，乡土中国的变迁也正是 20 世纪后期以来中国所面临的最大的历史事件。我们之所以要编辑撰写"风土海沧"民俗调查丛书，其根本契机之一也就是基于这样一个历史大事件的宏大背景。

　　一个村庄的搬迁，一个村庄的消逝，消失的不仅仅是古老的村落，还会带走它所蕴涵的深厚文化与沉重记忆。即大多数村民属于就地安置，依旧会回到这片土地之上，但是过去的乡村之中的每一栋建筑、每一道标志、每一条道路，乃至一棵棵树木花草，皆潜藏了村民们的历史回顾、孩童记忆、生活印记、时代沧桑。在步入村落之后，尤其是经历了与村民的交流、与老人的详谈之后，作为文化工作者的我们最为深刻地体会到了这一点，同时也深切地意识到自身的责任与义务——积极挖掘村落文化资源，认真整理村落文献资料，避免使它湮没在时间的长河之中。

任何一个事物的发展，皆不可能是一蹴而就的。任何一项重要的任务，也必然充满了曲折与艰辛。我们只不过是一群执着于搜集、整理有限的资料，展开口述史的整理与保存工作的人，即便是近在咫尺的村落调查活动，我们也不得不经历各种各样的考验。首先，我们要面对的，就是确立调查大纲的问题。我们经历数次讨论，编撰了调查纲要，但是却遭遇到了资料收集的问题，尤其是资料缺失的困境。为了资料的整理和审核，我们多次相约在厦门大学、海沧文化中心集体讨论、坦诚交流，而后终于得以克服。其次，就是调查时限的问题。一方面，村落的整体拆迁迫在眉睫，传统遗址日渐消失，旧有风貌不再存在；另一方面，熟悉村史的老人相继离世，健在的老人记忆略为模糊，年轻人则缺乏了切身的了解和感受。如何挽留这样一个不断消逝的现实与记忆，需要我们不断地改进方法或者手段，一一地将各个问题落实到位。尽管如此，我们还是克服了这样的问题，且抱着一种紧张感与迫切感，最终完成了编撰工作。

海沧村的调查活动，始于 2014 年春节。两年多时间以来，区文化馆民俗调查小组走访了海沧村下辖的柯井、后垵、洪厝、龙庙、莲花洲等村社，采访了多位重要人物，留下了宝贵的第一手的口述材料。在此，我们要衷心感谢为本次调查提供支持与帮助的颜玉祥、张志坚、董振发、肖成安、荫姑婆、张全朝、陈文、张双伟、林国勇、周斌、林少平、陈锡惠、杨文仁、谢小玉、李林青山、黄艺卿、黄根庭、许瑞发、张全福等热心人士，还有为本书的印刷慷慨解囊的瑞青宫管委会的林合安会长，正是他们的大力支持与热心帮助，才使我们得以顺利地完成本辑的编撰，在此致以衷心的感谢。

中国人类学家费孝通教授曾经指出：人类学是为"文化自觉"而设立的学问。我们不知道本辑的编撰对于保留乡村民俗资料能否可以发挥出一点微薄之力，但是我们认为或许这也就是一场"文化的自觉""文化之根的觉悟"，同时也是我们自身的存在的觉悟。尤其是对于我们全体编者而言，成书过程之中的酸甜苦辣始终难以忘怀，也必将成为我们人生之中不可磨灭的记忆。

本辑编撰时间仓促，水平有限，出现的遗漏和疏忽之处，敬请予以谅解，并恳请有识之士批评指正。

编　者
2016 年 11 月